U0716979

明宋濂等撰

第五册

卷五六至卷六三（志）

中華書局

宋濂等撰

中华书局

元史卷五十六

志第八

曆五

庚午元曆上

演紀上元庚午，距太(宗)〔祖〕庚辰歲，〔一〕積年二千二十七萬五千二百七十算外，上考往古，每年減一算，下驗將來，每年加一算。

步氣朔術

日法，五千二百三十。

歲實，一百九十一萬二百二十四。

通餘，二萬七千四百二十四。

朔實，一十五萬四千四百四十五。

通閏，五萬六千八百八十四。

歲策，三百六十五，餘一千二百七十四。

朔策，二十九，餘二千七百七十五。

氣策，一十五，餘一千一百四十二，秒六十。

望策，一十四，餘四千二，秒四十五。

象策，七，餘二千一，秒二十二半。

沒限，四千八十七，秒三十。

朔虛分，二千四百五十五。

旬周，三十一萬三千八百。

紀法，六十。

秒母，九十。

求天正冬至

置上元庚午以來積年，以歲實乘之，爲通積分；滿旬周，去之；不盡，以日法約之，爲日，不盈爲餘；命壬戌算外，卽得所求天正冬至大小餘也。先以里差加減通積分，然後求之。求里差術，具月離篇中。

求次氣

置天正冬至大小餘，以氣策及餘累加之，秒盈秒母從分，分滿日法從日，卽得次氣日及餘分秒。

求天正經朔

置通積分，滿朔實去之，不盡，爲閏餘；以減通積分，爲朔積分；滿旬周，去之，不盡，如日法而一，爲日，不盡，爲餘，卽得所求天正經朔大小餘也。

求弦望及次朔

置天正經朔大小餘，以象策累加之，卽各得弦望及次朔經日及餘秒也。

求沒日

置有沒之氣恒氣小餘，如沒限以上，爲有沒之氣；以秒母乘之，內其秒，用減四十七萬七千五百五十六；餘，滿六千八百五十六而一；所得，併入恒氣大餘內，命壬戌算外，卽得爲沒日也。

求滅日

置有滅之朔小餘，經朔小餘不滿朔虛分者。六因之，如四百九十一而一；所得，併經朔大餘，命爲滅日。

步卦候發斂術

候策，五，餘三百八十，秒八十。

卦策，六，餘四百五十七，秒六。

貞策，三，餘二百二十八，秒四十八。

秒母，九十。

辰法，二千六百一十五。

半辰法，一千三百七半。

刻法，三百一十三，秒八十。

辰刻，八，分一百四，秒六十。

半辰刻，四，分五十二，秒三十。

秒母，一百。

求七十二候

置節氣大小餘，命之爲初候；以候策累加之，卽得次候及末候也。

求六十四卦

置中氣大小餘，命之爲公卦；以卦策累加之，得辟卦；又加，得〔侯〕內卦；〔二〕以貞策加之，得節氣之初，爲侯外卦；又以貞策加之，得大夫卦；又以卦策加之，爲卿卦也。

求土王用事

以貞策減四季中氣大小餘，即得土王用事日也。

求發斂

置小餘，以六因之，如辰法而一，爲辰數；不盡，以刻法除爲刻，命子正算外，即得加時所在辰刻分也。如加半辰法，即命子初。

求二十四氣卦候

恒氣 月中節 四正卦	初候	次候	末候	始卦	中卦	終卦
冬至 十一月中 坎初六	蚯蚓結	麋角解	水泉動	公中孚	辟復	侯屯內
小寒 十二月節 坎九二	鴈北鄉	鵲始巢	野鷄始雊	侯屯外	大夫謙	卿睽
大寒 十二月中 坎六三	鷄始乳	鷙鳥厲疾	水澤腹堅	公升	辟臨	侯小過內

立春正月節坎六四	東風解凍	蟄蟲始振	魚上冰	侯小過外	大夫蒙	卿益
雨水正月中坎九五	獺祭魚	鴻鴈來	草木萌動	公漸	辟泰	侯需內
驚蟄二月節坎上六	桃始華	鶬鶊鳴	鷹化爲鳩	侯需外	大夫隨	卿晉
春分二月中震初九	玄鳥至	雷乃發聲	始電	公解	辟大壯	侯豫內
清明三月節震六二	桐始華	田鼠化爲鴽	虹始見	侯豫外	大夫訟	卿蠱
穀雨三月中震六三	萍始生	鳴鳩拂其羽	戴勝降于桑	公革	辟夬	侯旅內
立夏四月節震九四	螻蟈鳴	蚯蚓出	王瓜生	侯旅外	大夫師	卿比
小滿四月中震六五	苦菜秀	靡草死	小暑至	公小畜	辟乾	侯大有內
芒種五月節震上六	螳螂生	鵙始鳴	反舌無聲	侯大有外	大夫家人	卿井
夏至五月中離初九	鹿角解	蜩始鳴	半夏生	公咸	辟姤	侯鼎內
小暑六月節離六二	溫風至	蟋蟀居壁	鷹乃學習	侯鼎外	大夫豐	卿渙

大暑六月中離九三	腐草化爲螢	土潤溽暑	大雨時行	公履	辟遯	侯恒內
立秋七月節離九四	涼風至	白露降	寒蟬鳴	侯恒外	大夫節	卿同人
處暑七月中離六五	鷹乃祭鳥	天地始肅	禾乃登	公損	辟否	侯巽內
白露八月節離上九	鴻鴈來	玄鳥歸	羣鳥養羞	侯巽外	大夫萃	卿大畜
秋分八月中兌初九	雷乃收聲	蟄蟲坏戶	水始涸	公賁	辟觀	侯歸妹內
寒露九月節兌九二	鴻鴈來賓	雀入大水化爲蛤	菊有黃花	侯歸妹外	大夫無妄	卿明夷
霜降九月中兌六三	豺乃祭獸	草木黃落	蟄蟲咸俯	公困	辟剝	侯艮內
立冬十月節兌九四	水始冰	地始凍	野鷄入水化爲蜃	侯艮外	大夫旣濟	卿噬嗑
小雪十月中兌九五	虹藏不見	天氣上騰地氣下降	閉塞成冬	公大過	辟坤	侯未濟內
大雪十一月節兌上六	鶡鳥不鳴	虎始交	荔挺出	侯未濟外	大夫蹇	卿頤

步日躔術

周天分，一百九十一萬二百九十二，秒九十八。

歲差，六十八，秒九十八。

秒母，一百。

周天度，三百六十五，分二十五，秒六十七。

象限，九十一，分三十一，秒九。

分秒母，一百。

二十四氣日積度盈縮

恒氣	日積度	分秒	損益率	初末率	日差	盈縮積
冬至	空		益七千五十九	初四百九十八 八十 六十五 末四百(七)〔二〕十六 八十八 一十一〔三〕	四 九十一 七十九	盈空
小寒	一十五	九十二 四十三	益五千九百二十	初四百二十五 八十九 七十二 末三百(二十五)〔五十二〕 一十 四十一〔四〕	五 一十八 九十九	盈七千五十九
大寒	三十一	七十三 四十八	益四千七百一十八	初三百四十八 八十四 八十 末二百七十一 一十八 七十四	五 四十六 一十九	盈一万二千九百七十九

立春	四十七	四十二 五十一	益三千四百五十三	初二百六十七 末一百八十六	六十二 一十六	八十六 一十六	五七十二 九十六	盈一万七千六百九十七
雨水	六十二	九十八 八十九	益二千一百二十六	初一百八十二 末九十七	二十七 一十二	三十八 三十二	五九十八 八十七	盈二万一千一百五十
驚蟄	七十八	四十二 空	益七百三十九	初九十一 末五	一十三 九十八	四十六 四十	五九十八 八十七	盈二万三千二百七十六
春分	九十三	七十一 二十四	損七百三十九	初五 末九十一	九十八 一十三	四十 四十六	五九十八 八十七	盈二万四千一十五
清明	一百八	八十五 六十九	損二千一百二十六	初九十八 末一百八十	九十六 四十三	五十 二十	五七十二 (六十九)〔九十六〕〔五〕	盈二万三千二百七十六
穀雨	一百二十三	八十六 二十八	損三千四百五十三	初一百八十八 末二百六十五	六 七十二	四十八 五十四	五四十六 一十九	盈二万一千一百五十
立夏	一百三十八	七十三 六十	損四千七百一十八	初二百七十三 末三百四十六	一十一 九十一	九十七 四十三	五一十八 九十(七)〔九〕〔六〕	盈一万七千六百九十七
小滿	一百五十三	四十八 二十七	損五千九百二十	初三百五十四 末四百二十三	三 九十六	七十九 三十二	四九十一 七十九	盈一万二千九百七十九
芒種	一百六十八	一十 九十二	損七千五十九	初四百二十八 末四百九十〔八〕	八十八 八十	一十一 六十五〔七〕	四九十一 七十九	盈七千五十九
夏至	一百八十二	六十二 一十八	益七千五十九	初四百九十八 末四百二十八	八十 八十八	六十五 一十一	四九十一 七十九	縮空
小暑	一百九十七	一十三 四十三	益五千九百二十	初四百二十五 末三百五十二	八十九 一十	七十二 四十一	五一十八 九十九	縮七千五十九

大暑	二百一十一	七十六 八	益四千七百一十八	初三百四十八 末二百七十一	八十四 一十八	八十 七十四	五四十六 一十九	縮一万三千九百七十九
立秋	二百二十六	五十 七十五	益三千四百五十三	初二百六十七 末一百八十六	六十二 一十六	八十六 一十六	五七十二 九十六	縮一万七千六百九十七
處暑	二百四十一	三十八 七	益二千一百二十六	初一百八十二 末九十七	二十七 一十二	三十八 三十二	五九十八 八十七	縮(一)〔二〕万一千一百五十〔八〕
白露	二百五十六	三十八 六十六	益七百三十九	初九十一 末五	一十三 九十八	四十六 四十	五九十八 八十七	縮(一)〔二〕万三千二百七十六〔九〕
秋分	二百七十一	五十三 一十二	損七百三十九	初五 末九十一	九十八 一十三	四十 四十六	五九十八 八十七	縮二万四千一十五
寒露	二百八十六	八十二 (二)〔三〕十五〔一〇〕	損二千一百二十六	初九十八 末一百八十	九十六 四十三	五十 二十	五七十二 九十六	縮二万三千二百七十六
霜降	三百二	二十五 四十六	損三千四百五十三	初一百八十八 末二百六十五	六 七十二	四十八 五十四	五四十六 一十九	縮二万一千一百五十
立冬	三百一十七	八十一 八十四	損四千七百一十八	初二百七十三 末三百四十六	一十一 九十一	九十七 四十三	五一十八 九十九	縮一万七千六百九十七
小雪	三百三十三	五十 八十七	損五千九百二十	初三百五十四 末四百二十三	三(十) 九十六	〔七〕十九 三十二〔一一〕	四九十一 七十九	縮一万二千九百七十九
大雪	三百四十九	三十一 九十二	損七千五十九	初四百二十八 末四百九十八	八十八 八十	一十一 六十五	四九十一 七十九	縮七千五十九

二十四氣中積及朓朒

恒氣	中積	經分 約分	損益率	初末率	日差	朓朒積
冬至	空		益二百七十六	初一十九 四十(九)〔八〕 六十四 末一十六 七十八 五十二 〔一二〕	一十九	朒空
小寒	十五	一千二百四十二 六十 二十一 八十四	益二百三十二	初一十六 六十八 七十四 末一十三 八十 一十九	二十 二十九	朒二百七十六
大寒	三十	二千二百八十五 三十 四十三 六十九	益一百八十五	初一十三 六十九 一十一 末一十 六十二 一十四	二十一 五十九	朒五百八
立春	四十五	三千四百二十八 六十五 五十四	益一百三十五	初一十 四十六 七十 末七 二十七 四十(三)〔五〕 〔一三〕	二十二 四十五	朒六百九十三
雨水	六十	四千五百七十 六十 八十七 三十九	益八十三	初七 一十一 一十四 末三 七十九 六十三	二十三 三十二	朒八百(三)〔二〕十八 〔一四〕
驚蟄	七十六	四百八十三 三十 九 二十四	益二十九	初三 五十六 三十一 末空 二十四 八十	二十三 三十二	朒九百一十一
春分	九十一	一千六百二十六 三十一 九	損二十九	初空 二十四 八十 末三 五十六 三十一	二十三 三十二	朒九百四十
清明	一百六	二千七百六十八 六十 五十二 九十三	損八十三	初三 八十五 七十六 末七 五 一	二十二 四十五	朒九百一十一
穀雨	一百二十一	三千九百一十一 三十 七十四 七十八	損一百三十五	初七 (二)〔三〕十(五)〔三〕 五十九 末一十 四十 五十六 〔一五〕	二十一 五十九	朒八百二十八
立夏	一百三十六	五千五十四 九十六 六十三	損一百八十五	初一十 七十一 三十六 末一十三 五十九 九十一	二十 二十九	朒六百九十三

小滿	一百五十二	九百九十六 一十八	六十 四十八	損二百三十二	初一十三 八十九 四十 末一十六 五十九 五十二	一十九	朒五百八
芒種	一百六十七	二千一百九 四十	三十 三十(二)〔三〕〔一六〕	損二百七十六	初一十六 七十八 五十二 末一十九 四十九 六十四	一十九	朒二百七十六
夏至	一百八十二	三千二百五十二 六十二	一十八	益二百七十六	初一十九 四十(九)〔八〕 六十四 末一十六 七十八 五十二〔一七〕	一十九	朓空
小暑	一百九十七	四千三百九十四 八十四	六十 二	益二百三十二	初一十六 六十八 七十四 末一十三 八十 一十九	二十 二十九	朓二百七十六
大暑	二百一十三	三百七 五	三十 八十七	益一百八十五	初一十三 六十九 (八)〔一〕十一 末一十 六十二 一十四〔一八〕	二十一 五十九	朓五百八
立秋	二百二十八	一千四百五十 二十七	七十二	益一百三十五	初一十 四十六 七十 末七 二十七 四十五	二十二 四十五	朓六百九十三
處暑	二百四十三	二千五百九十(三)〔二〕 四十九	六十 五十七〔一九〕	益八十三	初七 一十一 一十四 末三 七十九 六十三	二十三 三十二	朓八百二十八
白露	二百五十八	(二)〔三〕千七百(二)〔三〕十五 七十一	三十 四十二〔二〇〕	益二十九	初三 五十六 三十一 末空 二十四 八十	二十三 三十二	朓九百一十一
秋分	二百七十三	四千八百七十八 九十三	二十七	損二十九	初空 二十四 八十 末三 五十六 三十一	二十三 三十二	朓九百四十
寒露	二百八十九	七百九十 一十五	六十 一十二	損八十三	初三 八十五 七十六 末七 (一十一)〔五〕 一〔二一〕	二十二 四十五	朓九百一十一
霜降	三百四	一千九百三十三 三十六	三十 九十六	損一百三十五	初七 二十五 五十九 末一十 四十 五十六	二十一 五十九	朓八百二十八

立冬	三百一十九	三千七十六 五十八 八十一	損一百八十五	初一十 七十一 三十六 末一十三 五十九 九十一	二十 二十九	朓六百九十三
小雪	三百三十四	四千二百十八 八十 六十 六十六	損二百三十二	初一十三 八十九 四十 末一十六 五十九 五十二	一十九	朓五百八
大雪	三百五十	一百三十一 二 三十 (三)〔五〕十一〔二〕	損二百七十六	初一十六 七十八 五十二 末一十九 四十八 六十四	一十九	朓二百七十六

求每日盈縮朓朒

各置其氣損益率，求盈縮，用盈縮之損益；求朓朒，用朓朒之損益。六因，如象限而一，爲其氣中率；與後氣中率相減，爲合差；〔半合差，〕加減其氣中率，〔三〕爲初末汎率。至後，加初減末；分後，減初加末。又置合差，六因，如象限而一，爲日差；半之，加減初末汎率，爲初末定率。至後，減初加末；分後，加初減末。以日差累加減氣初定率，爲每日損益分；至後，減；分後，加。各以每日損益分加減氣下盈縮朓朒，爲每日盈縮朓朒。二分前一氣無後率相減爲合差者，皆用前氣合差。

求經朔弦望入氣

置天正閏餘，以日法除爲日，不滿，爲餘；如氣策以下，以減氣策，爲入大雪氣；以上，去之，餘亦以減氣策，爲入小雪氣；卽得天正經朔入氣日及餘也；以象策累加之，滿氣策去之，卽爲弦望入次氣日及餘；因加得後朔入氣日及餘也。便爲中朔望入氣。

求每日損益盈縮朓朒

以日差益加損減其氣初損益率，爲每日損益率；馴積損益其氣盈縮朓朒積，爲每日盈縮朓朒積。

求經朔弦望入氣朓朒定數

以各所求入氣小餘，以乘其日損益率，如日法而一；所得，損益其下朓朒積，爲定數。便爲中朔弦望朓朒定數。

赤道宿度

斗二十五　牛七少　女十一少　虛九少六十七秒

危十五度半　室十七　壁八太

右北方七宿，九十四度六十七秒。

奎十六半　婁十二　胃十五　昴十一少

畢十七少　觜半　參十半

右西方七宿，八十三度。

井三十三少　鬼二半　柳十三太　星六太

張十七少　翼十八〔太〕〔二四〕　軫十七

右南方七宿，一百九度少。

角十二　亢九少　氐十六　房五太

心六少　尾十九少　箕十半

右東方七宿，七十九度。

求冬至赤道日度

置通積分，以周天分去之；餘，日法而一，爲度，不滿，退除爲分秒；以百爲母，命起赤道虛宿(六)〔七〕度外，〔二五〕去之，不滿宿，卽得所求年天正冬至加時日躔赤道宿度及分秒。其在尋斯干之東西者，先以里差加減通積分。

求春分夏至秋分赤道日度

置天正冬至加時赤道日度，累加象限，滿赤道宿次，去之，卽各得春分、夏至、秋分加時日在宿度及分秒。

求四正赤道宿積度

置四正赤道宿全度，以四正赤道日度及分秒減之，餘爲距後度；以赤道宿度累加之，各得四正後赤道宿〔積〕度及分秒。〔二六〕

求赤道宿積度入初〔末〕限〔二七〕

視四正後赤道宿積度及分，在四十五度六十五分五十四秒半以下，爲入初限；以上者，用減象限，餘爲入末限。

求二十八宿黃道度

置四正後赤道宿入初末限度及分，減一百一度；餘，以初末限度及分乘之，進位，滿百爲分，分滿百爲度；至後以減、分後以加赤道宿積度，爲其宿黃道積度；以前宿黃道積度減之，其四正之宿，先加象限，然後以前（縮）〔宿〕減之。〔二八〕爲其宿黃道度及分。其分就近約爲太半少。

黃道宿度

斗二十三　牛七　女十一　虛九少六十七秒

危十六　室十八少　壁九半

右北方七宿，九十四度六十七秒。

奎十七太　婁十二太　胃十五半　昴十一

畢十六半　觜半　參九太

右西方七宿，八十三度太。

井三十半　鬼二半　柳十三少　星六太

張十七太　翼二十　軫十八半

右南方七宿，一百九度少。

角十二太　亢九太　氐十六少　房五太

心六　尾十八少　箕九半

右東方七宿，七十八度少。

前黃道宿度，依今曆歲差所在算定。如上考往古，下驗將來，當據歲差，每〔移〕一度，〔二九〕依術推變當時宿度，然後可步七曜，知其所在。

求天正冬至加時黃道日度

以冬至加時赤道日度分秒，減一百一度，餘以冬至加時赤道日度及分秒乘之，進位，滿百爲分，分滿百爲度，命曰黃赤道差；用減冬至加時赤道日度及分秒，卽得所求年天正冬至加時黃道日度及分秒。

求二十四氣加時黃道日度

置所求年冬至日〔躔〕黃赤道差，〔三〇〕以次年黃赤道差減之，餘以所求氣數乘之，二十四而一；所得，以加其氣中積度及約分，以其氣初日盈縮數盈加縮減之，用加冬至加時黃道日度，依宿次去之，卽各得其氣加時黃道日躔宿度及分秒。如其年冬至加時〔黃〕〔赤〕道宿度空分秒在歲差以下者，〔三一〕卽加前宿全度，然求黃赤道差，餘依術算。

求二十四氣及每日晨前夜半黃道日度

副置其恒氣小餘，以其氣初日損益率乘之，盈縮之損益。萬約之，應益者盈加縮減，應損者盈減縮加，其副日法除之，爲度，不滿，退除爲分秒，以減其氣加時黃道日度，即得其氣初日晨前夜半黃道日度。每日加一度，以萬乘之，又以每日損益數，盈縮之損益。應益者盈加縮減，應損者盈減縮加，爲每日晨前夜半黃道日度及分秒。

求每日午中黃道日度

置一萬分，以所求入氣日損益數加減，益者，盈加縮減；損者，盈減縮加。半之，滿百爲分，不滿爲秒，以加其日晨前夜半黃道日度，即其日午中日躔黃道宿度及分秒。

求每日午中黃道積度

以二至加時黃道日度，距至所求日午中黃道日度，爲入二至後黃道日積度及分秒。

求每日午中黃道入初末限

視二至後黃道積度，在四十三度一十二分八十七秒之以下爲初限；以上，用減象限，餘爲入末限。其積度，滿象限去之，爲二分後黃道積度；在四十八度一十八分二十(一)〔二〕秒之以下，爲初限；〔三二〕以上，用減象限，餘爲入末限。

求每日午中赤道日度

以所求日午中黃道積度，入至後初限、分後末限度及分秒，進三位，加二十萬二千五十少，開平方除之，所得減去四百四十九半；餘在初限者，直以二至赤道日度加而命之；在末限者，以減象限，餘以二分赤道日度加而命之，卽每日午中赤道日度。

以所求日午中黃道積度，入至後末限、分後初限度及分秒，進三位，(同)〔用〕減三十萬三千五十少，〔三三〕開平方除之，所得，以減五百五十半，其在初限者，以所減之餘，直以二分赤道日度加而命之；在末限者，以減象限，餘以二至赤道日度加而命之，卽每日午中赤道日度。

太陽黃道十二次入宮宿度

危　十三度三十九分五十九秒外入衞分陬訾之次，辰在亥。

奎　二度三十五分八十五秒外入魯分降婁之次，辰在戌。

胃　四度二十四分三十三秒外入趙分大梁之次，辰在酉。

畢　七度九十(六)〔五〕分(六)〔二十〕秒外入晉分實沈之次，辰在申。〔三四〕

井　九度四十七分一十秒外入秦分鶉首之次，辰在未。

柳　四度九十五分(二)〔一〕十六秒外入周分鶉火之次，辰在午。〔三五〕

張　十五度五十六分三十五秒外入楚分鶉尾之次，辰在巳。

軫　十度四十四分五秒外入鄭地壽星之次，辰在辰。

氐　一度七十七分七十七秒外入宋分大火之次，辰在卯。

尾　三度九十七分七十二秒外入燕分析木之次，辰在寅。

斗　四度三十六分六十六秒外入吳越分星紀之次，辰在丑。

女　二度九十一分九十一秒外入齊分玄枵之次，辰在子。

求入宮時刻

各置入宮宿度及分秒，以其日(辰)〔晨〕前夜半日度減之，〔三六〕相近一度之間者求之。餘以日法乘其分，其秒從於下，亦通乘之。為實；以其日太陽行分為法；實如法而一，所得，依發斂加時求之，即得其日太陽入宮時刻及分秒。

步晷漏術

中限，一百八十二日六十二分一十八秒。

冬至初限、夏至末限，六十二日二十分。

夏至初限、冬至末限，一百二十日四十二分。

冬至永安晷影常數，一丈二尺八寸三分。

夏至永安晷影常數，一尺五寸六分。

周法，一千四百二十八。

內外法，一萬八百九十六。

半法，二千六百一十五。

日法四分之三，三千九百二十二半。

日法四分之一，一千三百七半。

昏明分，一百三十分七十五秒。

昏明刻，二刻一百五十六分九十秒。

刻法，三百一十三分八十秒。

秒母，一百。

求午中入氣中積

置所求日大餘及半法，以所入氣大小餘減之，爲其日午中入氣；以加其氣中積，爲其日午中中積。小餘以日法除，爲約分。

求二至後午中入初末限

置午中中積及分，如中限以下，爲冬至後；以上，去中限，爲夏至後。其二至後，如在初限以下，爲初限；以上，覆減中限，餘爲入末限也。

求午中晷影定數

視冬至後初限、夏至後末限，百通日內分，自相乘，副置之，以一千四百五十除之；所得，加五萬三百八，折半限分併之，除其副爲分，分滿十爲寸，寸滿十爲尺，用減冬至地中晷影常數，爲〔所〕求晷影定數。〔三七〕

視夏至後初限、冬至後末限，百通日內分，自相乘，爲上位；下置入限分，以二百二十五乘之，百約之，加一十九萬八千七十五，爲法；夏至前後半限以上者，減去半限，列於上位，下置半限，各百通日內分，先相減，後相乘，以七千七百除之，所得以加其法。（及）〔反〕除上位爲分，〔三八〕分滿十爲寸，寸滿十爲尺，用加夏至地中晷影常數，爲所求晷影定數。

求四方所在晷影

各於其處測冬夏二至晷數，乃相減之，餘爲其處二至晷差；亦以地中二至晷數相減，爲地中二至晷差。其所求日在冬至後初限、夏至後末限者，如在半限以下，倍之；半限以上，覆減全限，餘亦倍之；併入限日，三因，折半，以日爲分，十分爲寸，以減地中二至晷差，爲法；置地中冬至晷影常數，以所求日地中晷影定數減之，餘以其處二至晷差乘之，爲實；實如法而一，所得，以減其處冬至晷數，卽得其處其日晷影定數。所求日在夏至後初限、冬至後末限者，如在半限以下，倍之；半限以上，覆減全限，餘亦倍之；倂入限日，三因，四除，以日爲分，十分爲寸，以加地中二至晷差，爲法；置所求日地中晷影定數，以地中夏至晷影常數減之，餘以其處二至晷差乘之，爲實；實如法而一，所得，以加其處夏至晷數，卽得其處其日晷影定數。

二十四氣陟降及日出分

恆氣	增損差	加減差	陟降率	初末率	日出分
冬至	增 初九 二十六 末七 九十六	減十	陟十 四十	初空 五 五十 末一 二十六 四	一千五百六十七 九十(三)〔二〕〔三九〕
小寒	增 初七 八十九 末六 五十九	減十	陟二十八 七十三	初一 三十六 末二 三十七 (三)〔三〕十六〔四〇〕	一千五百五十七 五十二
大寒	增 初六 五十二 末五 二十二	減十	陟四十三 五十六	初二 四十三 末三 二十五 一十八	一千五百二十八 七十九
立春	增 初五 一十八 末三 八十八	減十	陟五十五 一十九	初三 二十九 末三 九十二 四十二	一千四百八十五 二十三
雨水	增 初三 八十二 末二 五十二	減十	陟六十三 九十	初三 九十五 五十 末四 三十九 八十八	一千四百三十 四
驚蟄	增 初二 四十八 末一 三十八	減十	陟六十九 二十八	初四 四十四 末四 六十七 一十六	一千三百六十六 一十四

春分	損 初一三十(八)〔六〕 末二四十(八)〔四一〕	(減十)〔加八〕〔四二〕	陟六十四六十九	初四三十七 末四一十 六十八	一千二百九十六九十六
清明	損 初(三)〔二〕五十 末三五十[illegible]〔四三〕	加八	陟五十九九	初四八 五十 末三六十六 二十二	一千二百三十二二十七
穀雨	損 初三六十九 末四六十九	加八	陟五十八十四	初三六十二 末三三 六十二	一千一百七十三一十八
立夏	損 初四八十 末五八十四	加八	陟三十九八十六	初二九十八 末二二十四 五十	一千一百二十二三十四
小滿	損 初五九十八 末七二	加八	陟二十六六	初(一)〔二〕一十六 末一二十五〔四四〕	一千八十二四十八
芒種	損 初七一十九 末八二十三	加八	陟九三十五	初一一十五 末空七 六	一千五十六四十二
夏至	增 初八三十七 末七三十三	減八	降九三十五	初空四 五十 末一一十四 四十	一千四十七七
小暑	增 初七二十 末六一十六	減八	降二十六六	初一二十三 末二一十六 五十二	一千五十六四十二
大暑	增 初六 末四九十六	減八	降三十九八十六	初二二十三 五〔十〕 末二九十九 二十二〔四五〕	一千八十二四十八
立秋	增 初四八十 末三七十六	減八	降五十八十四	初三三 末三六十二 九十二	一千一百二十二三十四
處暑	增 初三六十 末二五十六	減八	降五十九九	初三六十五 五十 末四八 六十二	一千一百七十(三)〔三〕一十八〔四六〕

白露	增 初二四十 末一三十六	減八	降六十四六十九	初四一十五十 末四三十六八十二	一千二百三十二二十七
秋分	損 初一六十 末(一)〔二〕六十〔四七〕	加十	降六十九一十八	初四六十八 末四四十四九十	一千二百九十六九十六
寒露	損 初二六十二 末三九十二	加十	降六十三九十	初四四十二 末三九十六二十二	一千三百六十六一十四
霜降	損 初三九十八 末五二十八	加十	降五十五一十九	初三九十四 末三二十九一十八	一千四百三十四
立冬	損 初五三十二 末六六十二	加十	降四十三五十六	初(二)〔三〕二十七 末二四十三四十(三)〔二〕〔四八〕	一千四百八十五二十三
小雪	損 初六六十六 末七九十六	加十	降二十八七十三	初二三十九五十 末一三十七一十六	一千五百二十八七十九
大雪	損 初八三 末九三十二	加十	降十四十	初一二十八五十 末空七一十二	一千五百五十七五十二

二分前後陟降率

春分前三日，太陽入赤道內，秋分後三日，太陽出赤道外，故其陟降與他日不倫，今各別立數而用之。

驚蟄，十二日陟四六十七一十六。十三日陟四四十一六。十四日陟四三十八九十。此爲末率，於此用畢。其減差亦止於此也。

十五日陟四。

秋分，初日降四三十八。一日降四三十九。

二日降四五十九。三日降四六十八。

此爲初率，始用之。其加差亦始於此也。

求每日日出入晨昏半晝分

各以陟降初率，陟減降加其氣初日日出分，爲一日下日出分；以增損差仍加減加減差。增損陟降率，馴積而加減之，卽爲每日日出分；覆減日法，餘爲日入分；以日出分減日入分，半之，爲半晝分；以昏明分減日出分，爲晨分；加日入分，爲昏分。

求日出入辰刻

置日出入分，以六因之，滿辰法而一，爲辰數；不盡，刻法除之，爲刻；不滿爲分；命子正算外，卽得所求。

求晝夜刻

置日出分，十二乘之，刻法而一，爲刻，不滿爲分，卽爲（刻夜）〔夜刻〕；〔四九〕覆減一百，餘爲晝刻及分秒。

求更點率

置晨分，四因之，退位，爲更率；二因更率，退位，爲點率。

求更點所在辰刻

置更點率，以所求更點數因之，又六因之，內加昏明分，滿辰法而一，爲辰數；不盡，滿刻法，除之，爲刻數；不滿，爲分；命其日辰刻算外，卽得所求。

求四方所在漏刻

各於所在下水漏，以定其處冬至或夏至夜刻，乃與五十刻相減，餘爲至差刻。置所求日黃道去赤道內外度及分，以至差刻乘之，進一位，如二百三十九而一，爲刻；不盡，以刻法乘之，退除爲分；內減外加五十刻，卽得所求日夜刻；以減百刻，餘爲晝刻。其日出入辰刻及更點差率等，並依前術求之。

求黃道內外度

置日出之分，如日法四分之一以上，去之，餘爲外分；如日法四分之一以下，覆減之，餘爲內分。置內外分，千乘之，如內外法而一，爲度，不滿，退除爲分秒，卽爲黃道去赤道內外度；內減外加象限，卽得黃道去極度。

求距中度及更差度

置半法，以晨分減之，餘爲距中分；百乘之，如周法而一，爲距中度；用減一百八十三度一十二分八十三秒半，餘四因，退位，爲每更差度。

求昏明五更中星

置距中度，以其日午中赤道日度加而命之，卽昏中星所格宿次，因爲初更中星；以更差度累加之，滿赤道宿次，去之，卽得逐更及明中星。

步月離術

轉終分，一十四萬四千一百一十，秒六千二十，微六十。

轉終日，二十七，餘二千九百，秒六千二十，微六十。

轉中日，一十三，餘四千六十五，秒三千一十，微三十。

朔差日，一，餘五千一百四，秒三千九百七十九，微四十。

象策，七，餘二千一，秒二千五百。

秒母，一萬。

微母，一百。

上弦度，九十一，分三十一，秒四十一太。

望度，一百八十二，分六十二，秒八十三半。

下弦度，二百七十三，分九十四，秒二十五少。

月平行度，十三，分三十六，秒八十七半。

分秒母，一百。

七日初數，四千六百四十八。末數，五百八十二。

十四日初數，四千六十五。末數，一千一百六十五。

二十一日初數，三千四百八十三。末數，一千七百四十七。

二十八日初數，二千九百一。

求經朔弦望入轉 凡稱秒者，微從之，他倣此。

置天正朔積分，以轉終分及秒去之，不盡，如日法而一，爲日，不滿爲餘秒，即天正十一月經朔入轉日及餘秒；以象策累加之，去命如前，得弦望經日加時入轉及餘秒；徑求次朔入轉，即以朔差加之。加減里差，即得中朔弦望入轉及餘秒。

求轉定分及積度朓朒

一日	一千四百六十八	度初	疾初	益五百一十三	朓初
二日	一千四百五十七	一十四度六十八	疾一度三十一	益四百六十九	朓五百一十三

三日	一千四百四十二	二十九度二十五	疾二度五十一	益四百一十一	朓九百八十二
四日	一千四百二十二	四十三度六十七	疾三度五十六	益三百三十二	朓一千三百九十三
五日	一千三百九十九	五十七度八十九	疾四度四十一	益二百四十三	朓一千七百二十五
六日	一千(七)〔三〕百七十三〔五〇〕	七十一度八十八	疾五度三	益一百四十一	朓一千九百六十八
七日	一千三百四十七	八十五度六十一	疾五度三十九	初益四十三 末損四	朓二千一百九
八日	一千三百二十一	九十九度八	疾五度四十九	損六十三	朓二千一百四十八
九日	一千二百九十五	一百一十二度二十九	疾五度三十三	損一百六十四	朓二千八十五
十日	一千二百七十一	一百二十五度二十四	疾四度九十一	損二百五十八	朓一千九百二十一
十一日	一千二百四十七	一百三十七度九十五	疾四度二十五	損三百(二十五)〔五十二〕〔五一〕	朓一千六百六十三
十二日	一千二百二十八	一百五十度四十二	疾三度三十五	損四百二十(五)〔七〕〔五二〕	朓一千三百一十一
十三日	一千二百一十四	一百六十二度七十	疾二度二十六	損四百八十一	朓八百八十四

十四日	一千二百四	一百七十四度八十四	疾一度三	初損四百三 末益二百一十七	朓四百三
十五日	一千二百八	一百八十六度八十八	遲空三十	益五百五	朒一百一十七
十六日	一千二百一十九	一百九十八度九十六	遲一度五十九	益四百六十二	朒六百二十二
十七日	一千二百三十六	二百一十一度一十五	遲二度七十七	益三百九十五	朒一千八十四
十八日	一千二百五十八	二百二十三度五十一	遲三度七十八	益三百九	朒一千四百七十九
十九日	一千二百八十一	二百三十六度九	遲四度五十(六)[七][五三]	益二百一十九	朒一千七百八十八
二十日	一千三百七	二百四十八度九十	遲五度一十三	益一百一十七	朒二千七
二十一日	一千三百三十三	二百六十一度九十七	遲五度四十三	初益二十七 末損一十一	朒二千一百二十四
二十二日	一千三百五十九	二百七十五度三十	遲五度四十七	損八十六	朒二千一百四十
二十三日	一千三百八十四	二百八十八度八十九	遲五度二十五	損一百八十四	朒二千五十四
二十四日	一千四百八	三百二度七十三	遲四度七十八	損二百七十六	朒一千八百七十

二十五日	一千四百三十八	三百一十六度八十一	遲四度七	損三百六十八	朒一千五百九十二
二十六日	一千四百四十九	三百三十一度一十(一)〔二〕〔五四〕	遲三度一十三	損四百三十八	朒一千二百二十四
二十七日	一千四百六十三	三百四十五度(八)〔六〕十一〔五五〕	遲二度一	損四百九十三	朒七百八十六
二十八日	一千四百七十二	三百六十度二十四	遲空七十五	損二百九十三	朒二百九十(二)〔三〕〔五六〕

求中朔弦望入轉朓朒定數

置入轉小餘，以其日算外損益率乘之，如日法而一，所得，以損益朓朒積，爲定數。其四七日下餘，如初數以下，初率乘之，如初數而一，以損益朓朒積，爲定數；如初數以上，以初數減之，餘乘末率，如末數而一，用減初率，餘如朓朒積，爲定數。其十四日下餘，如初數以上，以初數減之，餘乘末率，如末數而一，爲〔朓〕朒定數。〔五七〕

求朔弦望中日

以尋斯干城爲準，置相去地里，以四千三百五十九乘之，退位，萬約爲分，曰里差；以加減經朔弦望小餘，滿與不足，進退大餘，卽中朔弦望日及餘。以東加之，以西減之。

求朔弦望定日

置中朔弦望小餘，朓減朒加入氣入轉朓朒定數，滿與不足，進退大餘，命壬戌算外，各得定朔弦望日辰及餘。定朔干名與後朔同者，其月大；不同者，其月小；月內無中氣者，爲閏。視定朔小餘，秋分後在日法四分之三以上者，進一日；春分後，定朔日出分與春分日出分相減之，餘者，三約之，用減四分之三；定朔小餘及此分以上者，亦進一日；或有交，虧初於日入前者，不進之。定弦望小餘，在日出分以下者，退一日；或有交，虧初於日出前者，小餘雖在日出後，亦退之。如望在十七日者，又視定朔小餘在四分之三以下之數春分後用減定之數。與定望小餘在日出分以上之數相校之，朔少望多者，望不退，而朔猶進之；望少朔多者，朔不進，而望猶退之。日月之行，有盈縮遲疾；加減之數，或有四大三小。若循常當察加時早晚，隨所近〔而進〕退之，〔五八〕使不過四大三小。

求定朔弦望中積

置定朔弦望小餘，與中朔弦望小餘相減之，餘以加減經朔弦望入氣日餘，中朔弦望，少卽加之，多卽減之。卽爲定朔弦望入氣；以加其氣中積，卽爲定朔弦望中積。其餘，以日法退除爲分秒。

求定朔弦望加時日度

置定朔弦望約餘，以所入氣日損益率乘之，盈縮之損益。萬約之，以損益其下盈縮積，乃盈加縮減定朔弦望中積，又以冬至加時日躔黃道宿度加之，依宿次去之，卽得定朔弦望加時日所在度分秒。

又法：置定朔弦望約餘，副之，以乘其日盈縮之損益率，萬約之，應益者盈加縮減，應損者盈減縮加，其副滿百爲分，分滿百爲度，以加其日夜半日度，命之，各得其日加時日躔黄道宿次。若先於曆中注定每日夜半日度，卽用此法爲妙也。

求定朔弦望加時月度

凡合朔加時日月同度，其定朔加時黄道日度卽爲定朔加時黄道月度；弦望，各以弦望度加定朔弦望加時黄道日度，依宿次去之，卽得定朔弦望加時黄道月度及分秒。

求夜半午中入轉

置中朔入轉，以中朔〔小〕餘減之，〔五九〕爲中朔夜半入轉。又中朔小餘，與半法相減之，餘以加減中朔加時入轉，中朔少如半法，加之；多如半法，減之。爲中朔午中入轉。若定朔大餘有進退者，亦加減轉日，否則因中爲定，每日累加一日，滿轉終日及餘秒，去命如前，各得每日夜半午中入轉。求夜半，因定朔夜半入轉累加之；求午中，因定朔午中入轉累加之；求加時入轉者，如求加時入氣之術法。

求加時及夜半月度

置其日入轉算外轉定分，以定朔弦望小餘乘之，如日法而一，爲加時轉分；分滿百爲度。

減定朔弦望加時月度，〔爲夜半月度。〕〔六〇〕以相次轉定分累加之，卽得每日夜半月度或朔至弦望，或至後朔，皆可累加之。然近則差少，遠則差多。置所求前後夜半相距月度爲行度，計其日相距入轉積度，與行度相減，餘以相距日數除之，爲日差行度。多日差加每日轉定分行度，少日差減每日轉定分而用之可也。欲求速，卽用此數。欲究其微，而可用後術。

求晨昏月度

置其日晨分，乘其日算外轉定分，日法而一，爲晨轉分；用減轉定分，餘爲昏轉分。又以朔望定小餘，乘轉定分，日法而一，爲加時分，以減晨昏轉分，爲前；不足，覆減之，爲後；乃前加後減加時月度，卽晨昏月度所在宿度及分秒。

求朔弦望晨昏定程

各以其朔昏定月減上弦昏定月，餘爲朔後昏定程。以上弦昏定月，減望昏定月，餘爲上弦後昏定程。以望晨定月，減下弦晨定月，餘爲望後晨定程。以下弦晨定月，減後朔晨定月，餘爲下弦後晨定程。

求每日轉定度

累計每定程相距日下轉積度，與晨昏定程相減，餘以相距日數除之，爲日差；定程多，加之；定程少，減之。以加減每日轉〔定〕分，爲轉定度；〔六一〕因朔弦望晨昏月，每日累加之，滿宿次去之，爲每日晨昏月度及分秒。凡注曆，朔日已後注昏月，望後一日注晨月。古曆有九道月度，其數雖繁，亦難削去，具其術如後。

求平交日辰

置交終日及餘秒，以其月經朔加時入交汎日及餘秒減之，餘爲平交〔入〕其月經朔加時後日算及餘秒；〔六三〕中朔同。以加其月中朔大小餘，其大餘命壬戌算外，卽得平交日辰及餘秒。求次交者，以交終日及餘秒加之，如大餘滿紀法，去之，命如前，卽得次平〔交〕日辰及餘秒也。〔六五〕

求平交入轉朓朒定數

置平交小餘，〔加〕其日夜半入轉，餘以乘其〔日〕損益率，〔六四〕日法而一，所得，以損益其日下朓朒積，爲定數。

求正交日辰

置平交小餘，以平交入轉朓朒定數朓減朒加之，滿與不足，進退日辰，卽得正交日辰及餘秒；與定朔日辰相距，卽得所在月日。

求中朔加時中積

各以其月中朔加時入氣日及餘，加其氣中積及餘，其日命爲度，其餘，以日法退除爲分秒，卽其月中朔加時中積度及分秒。

求正交加時黃道月度

置平交入中朔加時後日算及餘秒，以日法通日內餘進二位，如三萬九千一百二十一爲度，不滿，退除爲分秒，以加其月中朔加時中積，然後以冬至加時黃道日度加而命之，卽得其月正交加時月離黃道宿度及分秒。如求次交者，以交中度及分秒加而命之，卽得所求。

求黃道宿積度

置正交加時黃道宿全度，以正交加時月離黃道宿度及分秒減之，餘爲距後度及分秒；以黃道宿度累加之，卽各得正交後黃道宿積度及分秒。

求黃道宿積度入初末限

置黃道宿積度及分秒，滿交象度及分秒去之，餘在半交象以下爲初限；以上者，減交象度，餘爲末限。入交積度、交象度，並在交會篇中。

求月行九道宿度

凡月行所交，冬入陰曆，夏入陽曆，月行青道；冬至夏至後，青道半交在春分之宿，當黃道東；立冬立夏後，青道半交在立春之宿，當黃道東南；至所衝之宿，亦皆如之也。宜細推。冬入陽曆，夏入陰曆，月行白道；冬至夏至後，白道半交在秋分之宿，當黃道西；立冬立夏後，白道半交在立秋之宿，當黃道西北；至所衝之宿，亦如之也。春入陽曆，秋入陰曆，月行朱道；春分秋分後，朱道半交在夏至之宿，當黃道南；立春立秋後，朱道半交在立夏之宿，當黃道西南；至所衝之宿，亦如之也。春入陰曆，秋入陽曆，月行黑道。春分秋分後，黑道半交在冬至之宿，當黃道北；立春立秋後，黑道半交在立冬之宿，當黃道東北；至所衝之宿，亦如之也。四序離爲八節，至陰陽之所交，皆與黃道相會，故月行有九道。各以所入初末限度及分，減一百一度，餘以所入〔初入〕初末限度及分乘之，〔六五〕半而退位爲分，分滿百爲度，命爲月道與黃道汎差。

凡日以赤道內爲陰，外爲陽；月以黃道內爲陰，外爲陽。故月行正交，入夏至後宿度內爲同名，入冬至後宿度內爲異名。其在同名者，置月行與黃道汎差，九因之，八約之，爲定差；半交後，正交前，以差減；正交後，半交前，以差加；此加減出入六度，正如黃赤道相交同名之差，若較之漸異，則隨交所在遷變不常。仍以正交度距秋分度數，乘定差，如象限而一，所得，爲月道與赤道定差；前加者爲減，減者爲加。其在異名者，置月行與黃道汎差，七因之，八約之，爲定差；半交後，正交前，以差加；正交後，半交前，以差減；此加減出入六度，異〔名〕〔如〕黃赤道相交異名之差，〔六六〕若較之漸同，則隨交所在遷變不常。仍以正交度距春分度數，乘定差，如象限而一，所得，爲月道與赤道定差；前加者爲減，減者爲加，各加減黃道宿積度，爲九道宿積度；以前宿九道積度減之，爲其宿九道度及分秒。其分就近約爲太、半、少，論春夏秋冬，以四時日所在宿度爲正。

求正交加時月離九道宿度

以正交加時黃道日度及分，減一百一度，餘以正交度及分乘之，半而退位爲分，分滿百爲度，命爲月道與黃道汎差。其在同名者，置月行與黃道汎差，九因之，八約之，爲定差，以加；仍以正交度距秋分度數乘定差，如象限而一，所得，爲月道與赤道定差，以減。其異名者，置月行與黃道汎差，七因之，八約之，爲定差，以減；仍以正交度距春分度數，乘定差，如象限而一，所得，爲月道與赤道定差，以加。置正交加時黃道月度及分，以二差加減之，卽爲正交加時月離九道宿度及分。

求定朔弦望加時月所在度

置定朔加時日躔黃道宿次，凡合朔加時，月行潛在日下，與太陽同度，是爲加時月離宿次；各以弦望度及分秒，加其所當弦望加時日躔黃道宿度，滿宿次，去之，命如前，各得定朔弦望加時月所在黃道宿度及分秒。

求定朔弦望加時九道月度

各以定朔弦望加時月離黃道宿度及分秒，加前宿正交後黃道積度，爲定朔弦望加時正交後黃道積度；如前求九道積度，以前宿九道積度減之，餘爲定朔弦望加時九道月離宿度及分秒。其合朔加時，若非正交，則日在黃道，月在九道，所入宿度雖多少不同，考其兩極若繩準。故云月行潛在日下，與太陽同度，卽爲加時。九道月度，求其晨昏夜半月度，並依前術。

校勘記

〔一〕太（宗）〔祖〕庚辰歲　見卷五二校勘記〔一〕。

〔二〕又加得〔侯〕內卦　按庚午元曆概本諸金大明曆見金史卷二一、二二曆志，金大明曆作「侯內」，據補。

〔三〕末四百（七）〔二〕十八　按此表「恆氣」卽二十四節氣名。「日積度」「分秒」爲本氣前累計太陽實行度及分秒。「損益率」，以一萬除得度分秒，爲本氣內太陽實行與平行之差。「初末率」，一氣內各日損益率並非平派，係漸加與漸減。氣初爲初率，氣末爲末率。以初率加末率，折半，乘一平氣日數，得本氣損益率。「日差」，卽本氣內每日損益率之差。以初率與末率之較，于一平氣內日數內減一日後除，卽得日差。「盈縮積」，卽本氣前損益率之累計數。此處「七」爲「二」之誤，據驗算改。以下倣此。

〔四〕末三百（二十五）〔五十二〕　金大明曆與驗算合，據改正。

〔五〕五七十二（六十九）〔九十六〕　殿本與金大明曆及驗算合，從改正。

〔六〕五一十八九十（七）〔九〕　金大明曆與驗算合，據改。

〔七〕末四百九十〔八〕　金大明曆與驗算合，據補。

〔八〕縮（一）〔二〕萬一千一百五十　殿本與金大明曆及驗算合，從改。

〔九〕縮（一）〔二〕萬三千二百七十六　殿本與金大明曆及驗算合，從改。

〔一〇〕八十二（二）〔三〕十五　金大明曆與驗算合，據改。

〔一一〕初三百五十四　三（十）〔七〕十九　金大明曆與驗算合，據刪、補。

〔一二〕初一十九四十（九）〔八〕六十四　按此表「中積」爲截止至本氣前平氣累計日數。「經分」爲未經日法約後之分數，「約分」爲約後實數。「損益率」，二十四氣日積度盈縮中損益率數以月每日平行度十三度三十六分八十七秒半除後，再乘以日法，卽得。其餘各項同此。此處數字有誤，金大明曆與驗算合，據改。

〔一三〕末七二十七　四十（三）〔五〕　金大明曆與驗算合，據改。

〔一四〕朒八百（三）〔二〕十八　道光本與金大明曆及驗算合，從改。

〔一五〕初七（二）〔三〕十（五）〔三〕　五十九　金大明曆與驗算合，據改。

〔一六〕四十　三十（二）〔三〕　金大明曆與驗算合，據改。

〔一七〕初一十九四十（九）〔八〕六十四　金大明曆與驗算合，據改。

〔一八〕初一十三　六十九（八）〔一〕十一　金大明曆與驗算合，據改。

〔一九〕二千五百九十（三）〔二〕　金大明曆與驗算合，據改。

〔二〇〕（二）〔三〕千七百（二）〔三〕十五　三十　據驗算改。

〔二一〕末七(二十)〔五〕一　金大明曆與驗算合，據改。

〔二二〕二(三)〔五〕十一　據驗算改。

〔二三〕〔半合差〕加減其氣中率　據宋史卷七九律曆志紀元曆、金大明曆補。

〔二四〕翼十八〔太〕　諸曆測黃赤道宿，一般只標度數，「其分就近約爲太、半、少」，卽分別相當四分之三、二、一度。此處南方七宿共一百九度少，減去翼宿以外之六宿度數，餘數應爲十八度太。金大明曆與驗算合，據補。

〔二五〕命起赤道虛宿(六)〔七〕度外　據宋紀元曆、金大明曆改。

〔二六〕各得四正後赤道宿〔積〕度及分秒　據本段標題及宋紀元曆、金大明曆補。

〔二七〕求赤道宿積度入初〔末〕限　據下文及宋紀元曆、金大明曆補。

〔二八〕以前(縮)〔宿〕減之　道光本與上文及宋紀元曆、金大明曆合，從改。

〔二九〕每〔移〕一度　據宋紀元曆、金大明曆補。

〔三〇〕置所求年冬至日〔躔〕黃赤道差　據宋紀元曆、金大明曆補。

〔三一〕如其年冬至加時(黃)〔赤〕道宿度　據宋紀元曆、金大明曆改。

〔三二〕四十八度一十八分二十(一)〔二〕秒之以下爲初限　二至後黃道積度兩限數之和應爲一象限，宋紀元曆、金大明曆與驗算合，據改。

〔三三〕(同)〔用〕減三十萬三千五十少　道光本與宋紀元曆、金大明曆合，從改。

〔三四〕畢七度九十(六)〔五〕分(六)〔二十〕秒　此係太陽黃道十二次入宮宿度。先求十二次入宮赤道宿度。按本曆太陽赤道宿度命起虛宿七度外，而大定庚子冬至太陽赤道宿度在斗一度七十分，於是推得太陽赤道交宮於斗三度十四分二十九秒。由此累加一宮度數，求得各宮入赤道宿度。其次，依本曆求黃赤道差公式，求得太陽黃道十二次入宮宿度。此處數字有誤，據驗算改。以下倣此。

〔三五〕柳四度九十五分(二)〔一〕十六秒　據驗算改。

〔三六〕以其日(辰)〔晨〕前夜半日度減之　殿本與金大明曆合，從改。

〔三七〕爲〔所〕求晷影定數　據宋紀元曆、金大明曆補。

〔三八〕(及)〔反〕除上位爲分　道光本與金大明曆合，從改。

〔三九〕一千五百六十七九十(三)〔二〕　按此表「日出分」，指本氣氣初日出時分。「初末率」指一氣內初日至末日對日出分之增減數，自初至末，等加或等減。「陟降率」即初日至末日之累計總數，陟率爲減，降率爲加。以本氣氣初日出分，加或減陟降率即得次氣氣初日出分。「增損差」，指初末率內每日之增減數，自初至末，等加或等減。「加減差」，指增損差內每日平均增減數。用內插法求差及求和公式，可得表中各數。以下倣此。此處「三」誤，金大明曆與驗算合，據改。

〔四〇〕末二三十七（二）〔三〕十六　金大明曆與驗算合，據改。

〔四一〕損初一三十（八）〔六〕末二四十（八）　金大明曆與驗算合，據改、删。

〔四二〕（減十）〔加八〕　金大明曆與驗算合，據改。

〔四三〕初（三）〔二〕五十　殿本與金大明曆合，從改。

〔四四〕初（一）〔二〕一十六　據驗算改。

〔四五〕初二二十二五〔十〕　金大明曆與驗算合，據補。

〔四六〕一千一百七十（三）〔二〕一十八　金大明曆與驗算合，據改。

〔四七〕末（一）〔二〕六十　金大明曆與驗算合，據改。

〔四八〕初（三）〔二〕二十七末二四十三四十（三）〔二〕　金大明曆與驗算合，據改。

〔四九〕卽爲（刻夜）〔夜刻〕　道光本與本段標題及金大明曆合，從改正。

〔五〇〕一千（七）〔三〕百七十三　按此表第二欄爲「轉定分」，卽月在本日之實行分，以百除卽得度及分。第三欄爲「轉定度」，卽月在本日前實行度分之累計數。第四欄爲「遲疾度」，卽月在本日前實行與平行之差之累計數。第五欄爲「損益率」，月在本日實行與平行之差，以月之每日平行度十三度三十六分八十七秒半除後，乘以日法，卽得。第六欄爲「朓朒積」，卽本日前損益率之累計數。以下倣此。此處「七」誤，金大明曆與驗算合，據改。

〔五一〕損三百〔二十五〕〔五十二〕　據驗算改正。

〔五二〕損四百二十〔五〕〔七〕　金大明曆與驗算合，據改。

〔五三〕遲四度五十〔六〕〔七〕　金大明曆與驗算合，據改。

〔五四〕三百三十一度一十〔一〕〔二〕　金大明曆與驗算合，據改。

〔五五〕三百四十五度〔八〕〔六〕十一　據驗算改。

〔五六〕朒二百九十〔二〕〔三〕　金大明曆與驗算合，據改。

〔五七〕爲〔朓〕朒定數　據本段標題及金大明曆補。

〔五八〕隨所近〔而進〕退之　據上文及金大明曆補。

〔五九〕以中朔〔小〕餘減之　據下文及金大明曆補。

〔六〇〕減定朔弦望加時月度〔爲夜半月度〕　據上文及金大明曆補。

〔六一〕以加減每日轉〔定〕分爲轉定度　據金大明曆補。

〔六二〕餘爲平交〔入〕其月經朔加時後日算及餘秒　據宋紀元曆、金大明曆補。

〔六三〕即得次平〔交〕日辰及餘秒也　據本段標題、正文及宋紀元曆、金大明曆補。

〔六四〕置平交小餘〔加〕其日夜半入轉餘以乘其〔日〕損益率　據宋紀元曆、金大明曆補。

〔六五〕餘以所入(初入)初末限度及分乘之 據宋紀元曆、金大明曆刪。

〔六六〕此加減出入六度異(名)〔如〕黃赤道相交異名之差 據宋紀元曆、金大明曆改。

元史卷五十七

志第九

曆六

庚午元曆下

步交會術

交終分，一十四萬二千三百一十九，秒九千三百六，微二十。

交終日，二十七，餘一千一百九，秒九千三百六，微二十。

交中日，一十三，餘三千一百六十九，秒四千六百五十三，微一十。

交朔日，二，餘一千六百六十五，秒六百九十三，微八十。

交望日，一十四，餘四千二，秒五千。

秒母，一萬。

微母，一百。

交終度，三百六十三，分七十九，秒三十六。

交中度，一百八十一，分八十九，秒六十八。

交象度，九十，分九十四，秒八十四。

半交象度，四十五，分四十七，秒四十二。

日食既前限，二千四百。定法，二百四十八。

日食既後限，三千一百。定法，三百二十。

月〔食〕限，〔一〕五千一百。

月食既限，一千七百。定法，三百四十。

分秒母，皆一百。

求朔望入交　先置里差，半之，如九而一，所得依其加減天正朔積分，然後求之。

置天正朔積分，以交終分去之，不盡，如日法而一，爲日，不滿爲餘，卽得天正十一月中朔入交汎日及餘秒。便爲中朔加時入交汎日及餘。交朔加之，得次朔；交望加之，得望；再加交望，亦得次朔；各爲朔望入交汎日及餘秒。凡稱餘秒者，微亦從之，餘倣此。

求定朔及每日夜半入交

各置入交汎日及餘秒，減去中朔望小餘，卽爲定朔望夜半入交汎日及餘秒。若定朔望有進退者，亦進退交日，否則因中爲定，大月加二日，小月加一日，餘皆〔加〕四千一百二十，〔三〕秒六百九十三，微八十，卽次朔夜半入交；累加一日，滿交終日及餘秒，去之，卽每日夜半入交汎日及餘秒。

求定朔望加時入交

置中朔望加時入交汎日及餘秒，以入氣入轉朓朒定數朓減朒加之，卽得定朔望加時入交汎日及餘秒。

求定朔望加時入交積度及陰陽曆

置定朔望加時入交汎日，以日法通之，內餘進二位，如三萬九千一百二十一而一，爲度，不滿，退除爲分秒，卽得定朔望加時月行入交積度；以定朔望加時入轉遲疾度遲減疾加之，卽爲月行入（定交）〔交定〕積度；〔三〕如交中度以下，爲入陽曆積度，以上，去之，爲入陰曆積度。每日夜半準此求之。

求月去黃道度

視月入陰陽曆積度及分，交象以下，爲少象；以上，覆減交中，餘爲老象。置所入老少象度於上位，列交象〔度〕於下，〔四〕相減，相乘，倍之，退位爲分，分滿百爲度，用減所入老少象度及分；餘，又與交中度相減、相乘，八因之，以一百一十除之，爲分，分滿百爲度，即得月去黃道度及分。

求朔望加時入交常日及定日

置朔望入交汎日，以入氣朓朒定數朓減朒加，爲入交常日。又置入轉朓朒定數，進一位，以一百二十七而一，所得，朓減朒加交常日，爲入交定日及餘秒。

求入交陰陽曆交前後分

視入交定日，如交中以下，爲陽曆；以上，去之，爲陰曆。如一日上下，以日法通日內分，內餘爲交後分；十三日上下，覆減交中日，餘爲交前分。

求日月食甚定餘

置朔望入氣入轉朓朒定數，同名相從，異名相消，以一千三百三十七乘之，以定朔望加時入轉算外轉定分除之，所得，以朓減朒加中朔望小餘，爲汎餘。日食，視汎餘，如半法以下，爲中前，半法以上，去之，爲中後。置中前後分，與半法相減、相乘，倍之，萬約爲分，曰時差。中前以時差減汎餘，爲定餘；覆減半法，餘爲午前分；中後以時差加汎餘，爲定餘；減去半法，餘爲午後分。月食，視汎餘，在日入後夜半前，如日法四分之三以下，減去半法，爲酉前分；四分之三以上，覆減日法，餘爲酉後分。又視汎餘，在夜半後日出前者，如日法四分之一以下，爲卯〔酉〕〔前〕分；〔五〕四分之一以上，覆減半法，餘爲卯後分。其卯酉前後分，自相乘，四因，退位，萬約爲分，以加汎餘，爲定餘。各置定餘，以發斂加時法求之，即得日月食甚辰刻及分秒。

求日月食甚日行積度

置〔定〕朔望食甚大小餘，〔六〕與中朔〔望〕大小餘相減之，〔七〕餘以加減中朔望入氣日餘，以中朔望少加多減。即爲食甚入氣；以加其氣中積，爲食甚中積。又置食甚入氣餘，以所入氣〔日〕損益率盈縮之損益。乘之，〔八〕如日法而一，以損益其日盈縮積，盈加縮減食甚中積，即爲食甚日行積度及分。先以食甚中積經分爲約分，然後加減之，餘類此者，依而求之。

求氣差

置日食食甚日行積度及分，滿中限去之，餘在象限以下，爲初限；以上，覆減中限，爲末限；皆〔自〕相乘，〔九〕進二位，以四百七十八而一，所得，用減一千七百四十四，餘爲氣差恒數；以午前後分乘之，半晝分除之，所得，以減恒數，爲定數。如不及減者，覆減爲定數，應加者減之，應減者加之。春分後，陽曆減陰曆加；秋分後，陽曆加陰曆減。春分前秋分後，各二日二千一百分爲定氣，於此宜加減之。

求刻差

置日食食甚日行積度及分，滿中限去之，餘與中限相減、相乘，進二位，如四百七十八而一，所得，爲刻差恒數；以午前後分乘之，日法四分之一除，所得，爲定數。若在恒數以上者，倍恒數，以所得之數減之，爲定數，依其加減。冬至後，午前陽加陰減，午後陽減陰加；夏至後，午前陽減陰加，午後陽加陰減。

求日食去交前後定分

置氣刻二差定數，同名相從，異名相消，爲食差；依其加減〔去〕交前後分，爲去交前後定分。〔一〇〕視其前後定分，如在陽曆，卽不食；如在陰曆，卽有食之。如交前陰曆不及減，反減之，反減食差。爲交後陽曆；交後陰曆不及減，反減之，爲交前陽曆；卽不食。交前陽曆不及減，反減之，爲交後陰曆；交後陽曆不及減，反減之，爲交前陰曆；卽日有食之。

求日食分

視去交前後定分，如二千四百以下，爲旣前分；以二百四十八除，爲大分；二千四百以上，覆減五千五百，不足減者不食。爲旣後分；以三百二十除，爲大分，〔不盡〕，退〔除〕爲秒。〔一一〕其一分以下者，涉交太淺，太陽光盛，或不見食。

求月食分

視去交前後分，不用氣刻差者。一千七百以下者，食旣；以上，覆減五千一百，不足減者不食。餘以三百四十除之，爲大分；不盡，退除爲秒，卽月食之分秒。去交分在既限以下，覆減既限，亦以三百四十除之，爲既內之大分。

求日食定用分

置日食之大分，與三十分相減、相乘，又以二千四百五十乘之，如定朔入轉算外轉定分而一，所得，爲定用分；減定餘，爲初虧分；加定餘，爲復圓分；各以發斂加時法求之，卽得日食三限辰刻也。

求月食定用分

置月食之大分，與三十五分相減、相乘，又以二千一百乘之，如定望入轉算外轉定分而一，所得，爲定用分；加減定餘，爲初虧復圓分。各如發斂加時法求之，卽得月食三限辰刻。月食既者，以既內大分，以一十五分相減相乘，又以四千二百乘之，如定望入轉算外轉定分而一，所得爲既內分；用減定用分，爲既外分。置月食定餘，減定用分，爲初虧分；因加既外分，爲食既分；又加既內分，爲食甚分；卽定餘分是也。再加既內分，爲生光分；復加既外分，爲復圓分。各以發斂加時法求之，卽得月食五限辰刻及分。如月食既者，以十分併既內大分，如其法而求其定用分也。

求月食所入更點

置食甚所入日晨分，倍之，五約之，爲更法；又五約之，爲點法。乃置月食初末諸分，昏分以上者，減昏分；晨分以下者，加晨分；如不滿更法，爲初更；不滿點法，爲一點。依法以次求之，卽得更點之數。

求日食所起

食在既前，初起西南，甚於正南，復於東南。食在既後，初起西北，甚於正北，復於東北。其食八分以上者，皆起正西，復正東。此據正午地而論之。

求月食所起

月在陽曆，初起東北，甚於正北，復於西北。月在陰曆，初起東南，甚於正南，復於西南。其食八分以上，皆起正東，復正西。此亦據正午地而論之。

求日月出入帶食所見分數

各以食甚小餘，與日出入分相減，餘爲帶食差；以乘所食之分，滿定用分而一，月食既者，以既內分減帶食差，餘乘所食分，如既外分而一，不及減者，爲帶食既出入。以減所食分，卽日月出入帶食所見之分。其食甚在晝，晨爲漸進，昏爲已退；食甚在夜，晨爲已退，昏爲漸進也。

求日月食甚宿次

置日月食甚日行積度，望卽更加望度。以天正冬至加時黃道日度加而命之，依黃道宿次去之，即各得日月食甚宿度及分秒。

步五星術

木星

周率，二百八萬六千一百四十二，秒九。

曆率，二千二百六十五萬五百五十七。

曆度法，六萬二千一十四。

周日，三百九十八日八十八分。

曆度，三百六十五度二十四分九十秒。

曆中，一百八十二度六十二分四十五秒。

曆策，一十五度二十一分八十七秒。

伏見，一十三度。

段目	段日	平度	限度	初行率
合伏	一十六日八十六	三度八十六	二度九十三	二十三

晨順疾	二十八日	六度一十一	四度六十四	二十二
晨次疾	二十八日	五度五十一	四度一十九	二十一
晨順遲	二十八日	四度三十一	三度二十八	一十八
晨末遲	二十八日	一度九十一	一度四十五	一十二
晨留	二十四日			
晨退	四十六日五十八	四度八十八一十八	空度三十二八十二	
夕退	四十六日五十八	四度八十八一十八	空度三十二八十二	一十六
夕留	二十四日			
夕末遲	二十八日	一度九十一	一度四十五	
夕順遲	二十八日	四度三十一	三度二十八	一十二
夕次疾	二十八日	五度五十一	四度一十九	一十八

夕順疾	二十八日	六度一十一	四度六十四	二十一
夕伏	一十六日八十六	三度八十六	二度九十三	二十二

策數	損益率	盈積度	損益率	縮積度
一	益一百五十九	初	益一百五十九	初
二	益一百四十二	一度五十九	益一百四十二	一度五十九
三	益一百二十	三度一	益一百二十	三度一
四	益九十三	四度二十一	益九十三	四度二十一
五	益六十一	五度一十四	益六十一	五度一十四
六	益二十四	五度七十五	益二十四	五度七十五
七	損二十四	五度九十九	損二十四	五度九十九
八	損六十一	五度七十五	損六十一	五度七十五

九	損九十三	(四)〔五〕度一十四〔二〕	損九十三	五度一十四
十	損一百二十	四度二十一	損一百二十	四度二十一
十一	損一百四十二	三度一	損一百四十二	三度一
十二	損一百五十九	一度五十九	損一百五十九	一度五十九

火星

周率，四百七萬九千四十二，秒一十四半。

曆率，三百五十九萬二千七百五十七，秒四十四少。

曆度法，九千八百三十六半。

周日，七百七十九日九十三分一十六秒。

曆度，三百六十五度二十四分七十五秒。

曆中，一百八十二度六十二分三十七秒半。

曆策，一十五度二十一分八十六秒。

伏見，一十九度。

段目	段日	平度	限度	初行率
合伏	六十七日	四十八度	四十五度四十八	七十二
晨順疾	六十三日	四十四度六十	四十二度二十六	七十(二)〔一〕〔一三〕
晨次疾	五十八日	四十度九	三十七度九十九	七十
晨中疾	五十二日	三十四度六	三十二度三十二	六十八
晨末疾	四十五日	二十六度三十二	二十四度九十九	六十三
晨順遲	三十七日	一十六度六十八	一十五度八十	五十四
晨末遲	二十八日	五度七十五	五度四十五	三十七
晨留	一十一日			
晨退	二十八日九十六五十八	八度一十五六十七	三度五四十	

夕退	二十八日九十六五十八	八度一十五六十	三度五四十	四十一
夕留	一十一日			
夕末遲	二十八日	五度七十五	五度四十五	
夕順遲	三十七日	一十六度六十八	一十五度八十	三十七
夕末疾	四十五日	二十六度三十二	二十四度九十九	五十四
夕中疾	五十二日	三十四度六	三十二度三十二	六十三
夕次疾	五十八日	四十度九	三十七度九十九	六十八
夕順疾	六十三日	四十四度六十	四十二度二十六	七十
夕伏	六十七日	四十八度	四十五度四十八	七十一

策數	損益率	盈積度	損益率	縮積度
一	益一千一百六十	初	益四百五十八	初

二	益八百	一十〔一〕度六十〔一四〕	益四百五十三	四度五十八
三	益四百六十四	一十九度六十	益四百三十三	九度一十一
四	益一百五十二	二十四度二十四	益三百九十六	一十三度四十四
五	損五十七	二十五度七十六	益三百四十一	一十七度四十
六	損一百七十二	二十五度一十九	益二百六十六	二十度八十一
七	損二百六十六	二十三度四十七	益一百七十二	二十三度四十七
八	損三百四十一	二十度八十一	損五十七	二十五度一十九
九	損三百九十六	一十七度四十	損一百五十二	二十五度七十六
十	損四百三十三	一十三度四十四	損四百六十四	二十四度二十四
十一	損四百五十三	九度一十一	損八百	一十九度〔六十〕〔一五〕
十二	損四百五十八	四度五十八	損一千一百六十	一十〔一〕度六十〔一六〕

土星

周率，一百九十七萬七千四百一十一，秒六十九。

曆率，五千六百二十二萬三千二百四十八半。

曆度法，一十五萬三千九百二十八。

周日，三百七十八日九分二秒。

曆度，三百六十五度二十五分六十八秒。

曆中，一百八十二度六十二分八十四秒。

曆策，一十五度二十一分九十秒。

伏見，一十七度。

段目	段日	平度	限度	初行率
合伏	一十九日四十八	二度四十八	一度五十六	一十三
晨順疾	二十七日五十	三度二十二	二度二	一十二
晨次疾	二十七日五十	二度六十四	一度六十五	一十一

晨遲	二十七日五十	一度四十八	空度九十一	八
晨留	三十六日			
晨退	五十一日六五十一	三度三十九六十六	空度二十八三十三	
夕退	五十一日六五十一	三度三十九六十六	空度二十八三十三	九七十五
夕留	三十六日			
夕遲	二十七日五十	一度四十八	空度九十一	
夕次疾	二十七日五十	二度六十四	一度六十五	八
夕順疾	二十七日五十	三度二十二	二度二	一十一
夕伏	一十九日四十八	(四)〔二〕度四十八〔一七〕	一度五十六	一十二

策數	損益率	盈積度	損益率	縮積度
一	益二百一十三	初	益一百六十三	初

二	益一百九十七	二度一十三	益一百四十九	一度六十三
三	益一百六十八	四度一十	益一百二十八	三度一十二
四	益一百二十八	五度七十八	益一百	四度四十
五	益八十一	七度六	益六十五	五度四十
六	益三十三	七度八十七	益二十三	六度五
七	損三十三	八度二十(二)〔一八〕	損二十三	六度二十八
八	損八十一	七度八十七	損六十五	六度五
九	損一百二十八	七度六	損一百	五度四十
十	損一百六十八	五度七十八	損一百二十八	四度四十
十一	損一百九十七	四度一十	損一百四十九	三度一十二
十二	損二百一十三	二度一十三	損一百六十三	一度六十三

金星

周率，三百五萬三千八百四，秒六十三太。

曆率，一百九十一萬二百四十，秒七十六半。

曆度法，五千二百三十。

周日，五百八十三日九十分一十四秒。

合日，二百九十一日九十五分七秒。

曆度，三百六十五度二十四分六十八秒。

曆中，一百八十二度六十二分三十四秒。

曆策，一十五度二十一分八十六秒。

伏見，一十度半。

段目	段日	平度	限度	初行率
合伏	三十九日二十五	四十九度七十五	四十七度七十六	一百二十七
夕順疾	四十七日七十五	六十度一十六五十	五十七度七十六	一百二十六

夕次疾	四十七日七十五	五十九度三十九	五十七度一	一百二十五
夕中疾	四十七日七十五	五十七度	五十四度七十二	一百二十三
夕末疾	三十九日二十五	四十二度二十九	四十度六十	一百一十五
夕順遲	二十九日二十五	二十四度七十二	二十三度七十(二)〔三〕〔一九〕	一百
夕末遲	一十八日二十五	六度九十三五十	六度六十六	六十九
夕留	七日			
夕退	九日七十七	三度七十九九十三	一度六十九七	
夕退伏	六日	四度五十	二度二	六十八
合退伏	六日	四度五十	二度二	八十二
晨退	九日七十七	三度七十九九十三	一度六十九七	六十八
晨留	七日			

晨末遲	一十八日二十五	六度九十三五十	六度六十六	
晨順遲	二十九日二十五	二十四度七十二	二十三度七十三	六十九
晨末疾	三十九日二十五	四十二度二十九	四十度六十	一百
晨中疾	四十七日七十五	五十七度	五十四度七十二	一百一十五
晨次疾	四十七日七十五	五十九度三十九	五十七度一	一百二十三
晨順疾	四十七日七十五	六十度一十六五十	五十七度七十六	一百二十五
晨伏	三十九日二十五	四十九度七十(六)〔五〕	四十七度七十(五)〔六〕〔二〇〕	一百二十六

策數	損益率	盈積度	損益率	縮積度
一	益五十二	初	益五十二	初
二	益四十八	空度五十二	益四十八	空度五十二
三	益四十(八)〔一半〕〔二一〕	一度	益四十一半	一度

四	益三十二半	一度四十一半	益三十二半	一度四十一半
五	益二十一	一度七十四	益二十一	一度七十四
六	益七	一度九十五	益七	一度九十五
七	損七	二度二	損七	二度二
八	損二十一	一度九十五	損二十一	一度九十五
九	損三十二半	一度七十四	損三十二半	一度七十四
十	損四十一半	一度四十一半	損四十一半	一度四十一半
十一	損四十八	一度	損四十八	一度
十二	損五十二	空度五十二	損五十二	空度五十二

水星

周率，六十萬六千三十一，秒七十七半。

曆率，一百九十一萬二百四十二，秒一十三半。

曆度法，五千二百三十。

周日，一百一十五日八十七分六十秒。

合日，五十七日九十三分八十秒。

曆度，三百六十五度二十四分七十秒。

曆中，一百八十二度六十二分三十五秒。

曆策，一十五度二十一分八十五秒。

晨伏夕見，一十四度。

夕伏晨見，一十九度。

段目	段日	平度	限度	初行率
合伏	一十五日	二十九度	二十四度三十六	二百五
夕順疾	一十五日	二十三度七十五	一十九度九十五	一百八十一
夕順遲	一十五日	一十三度二十五	一十一度一十三	一百三十五

夕留	二日			
夕退伏	一十日九十三八十	八度六二十	二度四十九八十	
合退伏	一十日九十三八十	八度六二十	二度四十九八十	一百八
晨留	二日			
晨順遲	一十五日	一十三度二十五	一十一度一十三	
晨順疾	一十五日	二十三度七十五	一十九度九十五	一百三十五
晨伏	一十五日	二十九度	二十四度三十六	一百八十一

策數	損益率	盈積度	損益率	縮積度
一	益五十七	初	益五十七	初
二	益五十三	空度五十七	益五十三	空度五十七
三	益四十五	一度一十	益四十五	一度一十

四	益三十五	一度五十五	益三十五	一度五十五
五	益二十二	一度九十	益二十二	一度九十
六	益八	二度一十二	益八	二度一十二
七	損八	二度二十	損八	二度二十
八	損二十二	二度一十二	損二十二	二度一十二
九	損三十五	一度九十	損三十五	一度九十
十	損四十五	一度五十五	損四十五	一度五十五
十一	損五十三	一度一十	損五十三	一度一十
十二	損五十七	空度五十七	損五十七	空度五十七

求五星天正冬至後平合及諸段中積中星

置通積分，先以里差加減之。各以其星周率去之，不盡，爲前合分；覆減周率，餘爲後合分；

如日法而一，不滿，退除爲分秒，卽得其星天正冬至後平合中積中星。命爲日，日中積；命爲度，日中星。以段日累加中積，卽爲諸段中積；以平度累加中星，經退則減之，卽爲〔諸〕段中星。〔二二〕

求五星平合及諸段入曆

置通積分，各加其星後合分，以曆率去之，不盡，各以其曆度法除爲度，不滿，退除爲分秒，卽爲其星平合入曆度及分秒；以諸段限度累加之，卽得諸段入曆度及分秒。

求五星平合及諸段盈縮定差

各置其星段入曆度及分秒，如在曆中以下，爲盈；以上，（爲）減去曆中，〔二三〕餘爲縮。以其星曆策除之，爲策數；不盡，爲入策度及分。命〔策〕數算外，〔二四〕以其策損益率乘之，如曆策而一，爲分，以損益其下盈縮積度，卽爲其星段〔盈〕縮定差。〔二五〕

求五星平合及諸段定積

各置其星段中積，以其段盈縮定差盈加縮減之，卽得其段定積日及分；加天正冬至大餘及約分，滿紀法，去之，不滿，命壬戌算外，卽得日辰也。

求五星平合及諸段所在月日

各置其〔段〕定積，〔二六〕以加天正閏日及約分，以朔策及約分除之，爲月數；不盡，爲入月以來日數及分。其月數，命天正十一月算外，卽得其段入月中朔日數及分；乃以日辰相距，爲所在定朔月日。

求五星平合及諸段加時定星

各置中星，以盈縮定差盈加縮減，金星倍之，水星三之，然後加減。卽爲五星諸段定星；以加天正冬至加時黃道日度，依宿次命之，卽其〔日〕〔星〕其段加時所在宿度及分秒。〔二七〕

求五星諸段初日晨前夜半定星

各以其段初行率，乘其段定積日下加時分，百約之，乃順減〔卽〕〔退〕加其日加時定星，〔二八〕卽其段初日晨前夜半定星所在宿度及分秒。

求諸段日率度率

各以其段日辰，距後段日辰爲日率。以其段夜半宿次，與後段夜半宿次相減，餘爲度率。

求諸段平行分

各置其段度率及分秒，以其段日率除之，卽得其段平行度及分秒。

求諸段總差及日差

本段前後平行分相減，爲其段汎差；假令求木星次疾汎差，乃以順疾順遲平行分相減，餘爲次疾汎差，他皆倣此。倍而退位，爲增減差；加減其〔段〕平行分，〔二九〕爲初末日行分；前多後少者，加爲初，減爲末；前少後多者，減爲初，加爲末。倍增減差，爲總差；以日率減一除之，爲日差。

求前後伏遲退段增減差

前伏者，置後段初日行分，加其日差之半，爲末日行分；後伏者，置前段末日行分，加其日差之半，爲初日行分；以減伏段平行分，餘爲增減差。前遲者，置前段末日行分，倍其日差減之，爲初日行分；後遲者，置後段初日行分，倍其日差減之，爲末日行分；以遲段平行分減之，餘爲增減差。前後近留遲段。木火土三星，退行者，六因平行分，退一位，爲增減差。金星，前後伏退者，三因平行分，半而退位，爲增減差。前退者，置後段初日之行分，以其日差減之，爲末日行分。後退者，置前段末日之行分，以其日差減之，爲初日行分；以本段平行分減之，餘爲增減差。水星，〔半〕平行分爲增減差，〔三〇〕皆以增減差加減平行分，爲初末日行分。前多後少，加初減末；前少後多，減初加末。又倍增減差爲總差，以日率減一，除之，爲日差。

求每日晨前夜半星行宿次

各置其段初日行分，以日差累損益之，後少則損之，後多則益之。爲每日行度及分秒；乃順加退減之，滿宿次去之，卽得每日晨前夜半星行宿次。視前段末日後段初日行分相較之數，不過一二日差爲妙；或多日差數倍，或顚倒不倫，當類同前後增減差稍損益之，使其有倫，然後用之。或前後平行分俱多俱少，則平注之；或總差之秒不盈一分，亦平注之；若有不倫而平注得倫者，亦平注之。

求五星平合及見伏入氣

置定積，以氣策及約分除之，爲氣數；不滿，爲入氣日及分秒；命天正冬至算外，即得所求平合及見伏入氣日及分秒。

求五星平合及見伏行差

各以其段初日星行分與太陽行分相減，餘爲行差。若金在退行、水在退合者，相併爲行差。如水星夕伏晨見者，直以太陽行分爲行差。

求五星定合及見伏汎積

木火土三星，各以平合晨疾夕伏定積，爲定合定見定伏汎積。金水二星，置其段盈縮定差，水星倍之。各以行差除之，爲日，不滿，退除爲分秒；若在平合夕見晨伏者，盈減縮加；如在退合夕伏晨見，盈加縮減；皆以加減定積爲定合定見定伏汎積。

求五星定合定積定星

木火土三星，各以平合行差除其日太陽盈縮差，爲距合差日；以太陽盈縮差減之，爲距合差度；日在盈（縮）〔曆〕，以差日差度減之；〔三〕在縮曆，加之；加減其星定合汎積，爲定合定積定星。金水二星，順合退合，各以平合退合行差，除其日太陽盈縮差，爲距合差日；順加退減太陽盈縮差，爲距合差度；順在盈曆，以差日差度加之；在縮曆，減之；退在盈曆，以差日減之，差度加之；在縮曆，以差日加之，差度減之；皆以加減其定星定合再定合汎積，爲定合再定合定積定星；以冬〔至〕大餘及約分加定積，〔三二〕滿紀法，去之，命得定合日辰；以冬至加時黃道日度加定星，滿宿次，去之，卽得定合所在宿次。其順退所在盈縮，卽太陽盈縮。

求木火土三星定見伏定日

各置其星定見伏汎積，晨加夕減象限日及分秒；半中限爲象限。如中限以下，自相乘；以上，覆減歲周日及分秒，餘亦自相乘；滿七十五而一，所得，以其星伏見度乘之，一十五除之，爲差。其差，如其段行差而一，爲日，不滿，退除爲分秒；見加伏減汎積，爲定積；加命如前，卽得日辰。

求金水二星定見伏定日

各以伏見日行差，除其日太陽盈縮差，爲日。若晨伏夕見，日在盈曆，加之；在縮曆，減之；如夕伏晨見，日在盈曆，減之，在縮曆，加之；加減其星汎積，爲常積。視常積，如中限以下，爲冬至後；以上，去之，餘爲夏至後。其二至後，如象限以下，自相乘；以上，覆減中限，餘亦自相乘；各如法而一〔爲分〕，〔三三〕冬至後晨，夏至後夕，以一十八爲法；冬至後夕，夏至後晨，以七十五爲法。以伏見度乘之，一十五除之，爲差。其差，滿行差而一，爲日，不滿，退除爲分秒；加減常積，爲定積；冬至後，晨見夕伏，加之；夕見晨伏，減之。夏至後，晨見夕伏，減之；夕見晨伏，加之。加命如前，即得定見伏日辰。

其水星，夕疾在大暑氣初日至立冬氣九日三十五分以下者，不見；晨留在大寒氣初日至立夏氣九日三十五分以下者，不見。春不晨見，秋不夕見者，亦舊曆有之。

校勘記

〔一〕月〔食〕限 據上下文及金大明曆補。

〔二〕餘皆〔加〕四千一百二十 據宋紀元曆、金大明曆補。

〔三〕即爲月行入（定交）〔交定〕積度 據上下文及宋紀元曆、金大明曆改正。

〔四〕列交象〔度〕於下 據上文及宋紀元曆、金大明曆補。

〔五〕爲卯（酉）〔前〕分 北監本與上下文及金大明曆合，從改。

〔六〕置〔定〕朔望食甚大小餘 據金大明曆補。

〔七〕與中朔〔望〕大小餘相減之 據上下文及宋紀元曆、金大明曆補。

〔八〕以所入氣〔日〕損益率盈縮之損益乘之 據宋紀元曆、金大明曆補。

〔九〕皆〔自〕相乘 據宋紀元曆、金大明曆補。

〔一〇〕依其加減〔去〕交前後分爲去交前後定分　據上下文與金大明曆補。

〔一一〕爲大分〔不盡〕退〔除〕爲秒　據宋紀元曆、金大明曆補。

〔一二〕（四）〔五〕度一十四　此係盈積度數，乃該策前各策盈損益率累加減益加損減之積。宋紀元曆、金大明曆與驗算合，據改。以下算法同。

〔一三〕七十（三）〔一〕　按本曆五星段目表伏、順各段數字係襲用宋紀元曆各數，惟初行率秒數七十以上進位，以下捨除。但實際運算時，仍用紀元曆原數。順行之時以本段初行率加下段初行率，半之，乘段日，得平度。如晨順疾初行率在紀元曆爲七十一分三十六秒，下段晨次疾初行率爲七十分二十四秒，相加，半之，乘六十三日，得平度四十四度六十分。故晨順疾之初行率捨去秒數，當爲七十一。金大明曆與驗算合，據改。以下算法同。

〔一四〕一十〔一〕度六十　宋紀元曆、金大明曆與驗算合，據補。

〔一五〕一十九度〔六十〕　此係縮積度數，乃該策前各策縮損益率累加減益加損減之積。殿本與宋紀元曆、金大明曆及驗算合，從補。以下算法同。

〔一六〕一十〔一〕度六十　宋紀元曆、金大明曆與驗算合，據補。

〔一七〕（四）〔二〕度四十八　宋紀元曆、金大明曆與驗算合，據改。

〔一八〕八度二十（二）　宋紀元曆、金大明曆與驗算合，據刪。

〔一九〕二十三度七十(二)〔三〕　宋紀元曆、金大明曆與驗算合，據改。

〔二〇〕四十九度七十(六)〔五〕四十七度七十(五)〔六〕　金大明曆與驗算合，據改。

〔二一〕益四十(八)〔一半〕　殿本與宋紀元曆、金大明曆及驗算合，從改。

〔二二〕卽爲〔諸〕段中星　據本段標題與金大明曆補。

〔二三〕以上(爲)減去曆中　據宋紀元曆、金大明曆删。

〔二四〕命〔策〕數算外　據上文與宋紀元曆、金大明曆補。

〔二五〕卽爲其星段〔盈〕縮定差　殿本與本段標題及宋紀元曆、金大明曆合，從補。

〔二六〕各置其〔段〕定積　據上下文及宋紀元曆、金大明曆補。

〔二七〕卽其(日)〔星〕其段加時所在宿度及分秒　據本段標題、宋紀元曆、金大明曆及本書卷五五授時曆經改。

〔二八〕乃順減(卽)〔退〕加其日加時定星　殿本與宋紀元曆、金大明曆及授時曆經合，從改。

〔二九〕加減其〔段〕平行分　據宋紀元曆、金大明曆及授時曆經補。

〔三〇〕〔半〕平行分爲增減差　據金大明曆及授時曆經補。

〔三一〕日在盈(縮)〔曆〕以差日差度減之　據金大明曆及授時曆經改。

〔三二〕以冬〔至〕大餘及約分加定積　殿本與宋紀元曆、金大明曆及授時曆經合，從補。

〔三三〕各如法而一〔爲分〕　據宋紀元曆、金大明曆及授時曆經補。

元史卷五十八

志第十

地理一

自封建變爲郡縣，有天下者，漢、隋、唐、宋爲盛，然幅員之廣，咸不逮元。漢梗於北狄，隋不能服東夷，唐患在西戎，宋患常在西北。若元，則起朔漠，併西域，平西夏，滅女眞，臣高麗，定南詔，遂下江南，而天下爲一。故其地北踰陰山，西極流沙，東盡遼左，南越海表。蓋漢東西九千三百二里，南北一萬三千三百六十八里，唐東西九千五百一十一里，南北一萬六千九百一十八里，元東南所至不下漢、唐，而西北則過之，有難以里數限者矣。

初，太宗六年甲午，滅金，得中原州郡。七年乙未，下詔籍民，自燕京、順天等三十六路，戶八十七萬三千七百八十一，口四百七十五萬四千九百七十五。憲宗二年壬子，又籍之，增戶二十餘萬。世祖至元七年，又籍之，又增三十餘萬。十三年，平宋，全有版圖。二十七年，又籍之，得戶一千一百八十四萬八百有奇。於是南北之戶總書于策者，一千三百一十九萬六千二百有六，口五千八百八十三萬四千七百一十有一，而山澤溪洞之民不與焉。立中書省一，行中書省十有一：曰嶺北，曰遼陽，曰河南，曰陝西，曰四川，曰甘肅，曰雲南，曰江浙，曰江西，曰湖廣，曰征東，分鎮藩服，路一百八十五，府三十三，州三百五十九，軍四，安撫司十五，縣一千一百二十七。文宗至順元年，戶部錢糧戶數一千三百四十萬六百九十九，視前又增二十萬有奇，漢、唐極盛之際，有不及焉。蓋嶺北、遼陽與甘肅、四川、雲南、湖廣之邊，唐所謂羈縻之州，往往在是，今皆賦役之，比於內地；而高麗守東藩，執臣禮惟謹，亦古所未見。地大民衆，後世狃於治安，而不知詰戎兵、愼封守，積習委靡，一旦有變，而天下遂至於不可爲。嗚呼！盛極而衰，固其理也。

唐以前以郡領縣而已，元則有路、府、州、縣四等。大率以路領州、領縣，而腹裏或有以路領府、府領州、州領縣者，其府與州又有不隸路而直隸省者，具載于篇；而其沿革則泝唐而止焉。作地理志。

凡路，低於省一字。府與州直隸省者，亦低於省一字。其有宣慰司、廉訪司，亦止低於省一字。〔一〕各路錄事司與路所親領之縣與府、州之隸路者，低於路一字。府與州所領之縣，低於府與州一字。府領州、州又領縣者，又低於縣一字。路所親領之縣若府若州，曰領縣若干、府若干、州若干；府與州所領之縣，則曰若干縣，所以別之也。

中書省統山東西、河北之地，謂之腹裏，爲路二十九，州八，屬府三，屬州九十一，屬縣三百四十六。各路立站，總計一百九十八處。

大都路，唐幽州范陽郡。遼改燕京。金遷都，爲大興府。元太祖十年，克燕，初爲燕京路，總管大興府。太宗七年，置版籍。世祖至元元年，中書省臣言：「開平府闕庭所在，加號上都，燕京分立省部，亦乞正名。」遂改中都，其大興府仍舊。四年，始於中都之東北置今城而遷都焉。京城右擁太行，左挹滄海，枕居庸，奠朔方。城方六十里，十一門：正南曰麗正，南之右曰順承，南之左曰文明，北之東曰安貞，北之西曰健德，正東曰崇仁，東之右曰齊化，東之左曰光熙，正西曰和義，西之右曰肅清，西之左曰平則。海子在皇城之北、萬壽山之陰，舊名積水潭，聚西北諸泉之水，流入都城而匯於此，汪洋如海，都人因名焉。恣民漁採無禁，擬周之靈沼云。九年，改大都。十九年，置留守司。二十一年，置大都路總管府。戶一十四萬七千五百九十，口四十萬一千三百五十。用至元七年抄籍數。領院二、縣六、州十。州領十六縣。

右警巡院。

左警巡院。初設警巡院三，至元四年，省其一，止設左右二院，〔三〕分領坊市民事。

縣六

大興，赤。宛平，赤。與大興分治郭下。金水河源出玉泉山，流入皇城，故名金水。良鄉，下。永清，下。寶坻，下。至元十六年，於縣立屯田所。收子粒赴太倉及醴源倉輸納。昌平。下。

州十

涿州，下。唐范陽縣，復改涿州。宋因之。元太宗八年，爲涿州路。中統四年，復爲涿州。領二縣：

范陽，下。倚郭。房山。下。金奉先縣，至元二十七年，改今名。

霸州，下。唐隸幽州。周始置霸州。宋升永清郡。金置信安軍。元仍爲霸州。領四縣：

益津，下。倚郭。中統四年省，至元二年置。文安，下。大城，下。保定。下。至元二年，省入益津，四年置。

通州，下。唐爲潞縣。金改通州，取漕運通濟之義，有豐備、通濟、太倉以供京師。領二縣：

潞縣，倚郭。三河。下。

薊州，下。唐置，後改漁陽郡，仍改薊州。宋爲廣川郡。金爲中都。〔三〕元太祖十年，定其地，仍爲薊州。領五縣：

漁陽，下。倚郭。豐閏，下。至元二年，省入玉田，四年，以路當衝要復置。二十二年，立豐閏署，領屯田八百三十七戶。玉田，下。遵化，下。平谷。下。至元二年，省入漁陽，十三年復置。

漷州，下。遼、金爲漷陰縣。元初爲大興府屬邑，至元十三年，升漷州，割大興府之武清、香河二邑來屬。領二縣：

香河，下。武清。

順州，下。唐初改燕州，復爲歸德郡，復爲順州，復爲歸順州。遼爲歸化軍。宋爲順興軍。金仍爲順州，置溫陽縣。元廢縣存州。

檀州，下。唐改密雲郡，又復爲檀州。遼爲武威軍。宋爲鎭遠軍。金仍爲檀州。元因之。

東安州，下。唐以前爲安次縣。遼、金因之。元初隸大興府。太宗七年，隸霸州。中統四年，升爲東安州，隸大都路。

固安州，下。唐仍隋舊爲固安縣，隸幽州。宋隸涿水郡。金隸涿州。元憲宗九年，隸霸州，又改隸大興府。中統四年，升固安州。

龍慶州，唐爲嬀川縣。金爲縉山縣。元至元三年，省入懷來縣，五年復置，本屬上都路宣德府奉聖州。二十二年，仁宗生於此。延祐三年，割縉山、懷來來隸大都，升縉山爲龍慶州。領一縣：

懷來。下。

上都路，唐爲奚、契丹地。金平契丹，置(恒)〔桓〕州。〔四〕元初爲札剌兒部、兀魯郡王營幕地。

憲宗五年，命世祖居其地，爲巨鎮。明年，世祖命劉秉忠相宅於桓州東、灤水北之龍岡。中統元年，爲開平府。五年，以闕庭所在，加號上都，歲一幸焉。至元二年，置留守司。五年，升上都路總管府。十八年，升上都留守司，兼行本路總管府事。戶四萬一千六十二，口一十一萬八千一百九十一。領院一、縣一、府一、州四。州領三縣。府領三縣、二州，州領六縣。

警巡院。

縣一

開平。上。

府一

順寧府，唐爲武州。遼爲德州。〔五〕金爲宣德州。元初爲宣寧府。太宗七年，改山〔西〕東路總管府。〔六〕中統四年，改宣德府，隸上都路。仍至元三年，以地震改順寧府。領三縣、二州。

三縣

宣德，下。倚郭。至元二年，省本府之錄事司幷龍門縣並入焉。二十八年，又割龍門去屬雲州。宣平，下。順聖。下。本隸弘州，今來屬。

二州

保安州，下。唐新州。遼改奉聖州。金爲（興德）〔德興〕府。〔七〕元初因之。舊領永興、縉山、懷來、礬山四縣。至元二年，省礬山入永興。三年，省縉山入懷來，仍改爲奉聖州，隸宣德府。五年，復置縉山。延祐三年，以縉山、懷來隸大都。仍至元三年，以地震改保安州。領一縣：

永興。下。倚郭。

蔚州，下。唐改爲安邊郡，又改爲興唐縣，〔八〕又仍爲蔚州。遼爲忠順軍。金仍爲蔚州。元至元二年，省州爲靈仙縣，隸弘州。其年，復改爲蔚州，隸宣德府。領五縣：

靈仙，下。靈丘，下。飛狐，下。定安，下。廣靈。下。

州四

興州，下。唐爲奚地。金初爲興化（郡）〔軍〕，〔九〕隸北京，後爲興州。元中統三年，屬上都路。領二縣：

興安，下。至元二年置。宜興。中。至元二年置。

松州，下。本松林南境，遼置松山州。金爲松山縣，隸北京〔路〕大定府（路）。〔一〇〕元中統三年，升爲松州，仍存縣。至元二年，省縣入州。

桓州，下。本上谷郡地，金置桓州。元初廢，至元二年復置。

雲州，下。古望雲川地，契丹置望雲縣。金因之。元中統四年，升縣爲雲州，治望雲縣。至元二年，州存縣廢。二十八年，復升宣德之龍門鎮爲望雲縣，隸雲州。領一縣：

望雲。

興和路，上。唐屬新州。金置柔遠鎮，後升爲縣，又升撫州，屬西京。元中統三年，以郡爲內輔，升隆興路總管府，建行宮。〔一一〕戶八千九百七十三，口三萬九千四百九十五。領縣四、州一。

縣四

高原，下。倚郭。中統二年隸宣德府，三年來屬。懷安，下。元初隸宣德府，中統三年來屬。天成，下。元初隸宣德府，中統三年來屬。(咸)〔威〕寧。〔一二〕下。元初隸宣德府，中統三年來屬。

州一

寶昌州，下。金置昌州。元初隸宣德府，中統三年隸本路，置鹽使司。延祐六年，改寶昌州。

永平路，下。唐平州。遼爲盧龍軍。金爲興平軍。元太祖十年，改興平府。中統元年，升平灤路，置總管府，設錄事司。大德四年，以水患改永平路。〔一三〕戶一萬三千五百一十九，口三萬五千三百。領司一、縣四、州一。州領二縣。

錄事司。

縣四

盧龍，下。倚郭。遷安，下。至元二年，省入盧龍縣，後復置。撫寧，下。至元二年，與海山俱省入昌黎。三年復置。四年，又與海山俱入昌黎。七年復置，仍省昌黎、海山入焉。十二年，復置昌黎，以屬灤州，今昌黎屬本縣。〔一四〕昌黎。下。至元十二年復置，仍併海山入焉。詳見撫寧縣。

州一

灤州，下。在盧龍塞南，金領義豐、馬城、石城、樂亭四縣。元至元二年，省義豐入州。三年復置，先以石城省入樂亭，其年改入義豐。四年，馬城亦省。領二縣：

義豐，下。倚郭。至元二年省入州，三年復置。樂亭。下。元初嘗於縣置灤州，尋廢，復爲樂亭縣，隸灤州。

德寧路，下。領縣一：德寧。下。

淨州路，下。領縣一：天山。下。

泰寧路，下。領縣一：泰寧。下。

集寧路，下。領縣一：集寧。下。

應昌路，下。領縣一：應昌。下。

全寧路，下。領縣一：全寧。下。

寧昌路，下。領縣一：寧昌。下。

砂井總管府，領縣一：砂井。

以上七路、一府、八縣皆闕。

保定路，上。本清苑縣，唐隸鄚州。宋升保州。金改順天軍。元太宗十(一)〔三〕年，升順天路，〔三〕置總管府。至元十二年，改保定路，設錄事司。戶七萬五千一百八十二，口一十三萬九百四十。領司一、縣八、州七。州領十一縣。

錄事司。

縣八

清苑，中。附郭。滿城，中。唐縣，下。金隸定州，後來屬。慶都，下。元初隸眞定府，太宗十一年來屬。行唐，下。曲陽，中。古恒州地，唐爲曲陽縣。宋屬中山府。金因之。元初改恒州，立元帥府，割阜平、靈壽、行唐、慶都、唐縣以隸之。逮移鎭歸德，還隸中山府，復爲曲陽縣，後隸保定，北嶽恒山在焉。新安，下。金置新安州渥城縣。元至元二年，州縣俱廢，改爲新安鎭，入歸信縣。四年，割入容城。九年，置新安縣來屬。博野。下。至元三十一年立。

州七

易州，中。唐改上谷郡，又復爲易州。元太宗十一年，割隸順天府。至元十年，隸大都路。二十三年，還隸保定。領三縣：

易縣，中。倚郭。元初存州廢縣，至元三年復置。淶水，下。定興。下。金隸涿州，今來屬。

祁州，中。唐爲義豐縣，屬定州。宋改爲蒲陰縣。金於縣置祁州，屬眞定路。元至元三年，立附郭蒲陰縣及以束鹿、深澤二縣來屬，隸保定。領三縣：

蒲陰，中。倚郭。深澤，下。至元二年，併入束鹿縣，三年又來屬。束鹿。中。

雄州，下。唐歸義縣。五代爲瓦橋關，周世宗克三關，於關置雄州。宋爲易陽郡。金爲永定軍。元太宗十一年，割雄州三縣屬順天路。至元十年，改屬大都路。十二年改(屬)順天路爲保定路，[一六]二十三年，復以雄州隸之。領三縣：

歸信，下。容城，下。金隸安肅州，今來屬。新城。太宗二年，改新泰州。七年，復爲縣，隸大都路。十一年，隸順天路。至元二年，隸雄州。十年，隸大都。二十三年復來屬。

安州，下。唐爲唐興縣，隸鄭州。宋升順安軍。金改安州，治渥城縣。元初移治葛城。至元二年，廢爲鎭，入高陽縣，後復改安州，隸保定。領二縣：

葛城，下。倚郭。高陽。下。

遂州，下。唐爲遂城縣，屬易州。宋改廣信軍。金廢爲遂城縣，隸保州。元至元二年，省入安肅州爲鎮，後復置州而縣廢，隸保定。

安肅州，下。本易州宥戎鎮地，宋創立靜戎軍，又改安肅軍。金爲安肅州。元隸保定。

完州，下。唐爲北平縣，隸定州。宋升北平軍。金更爲永平縣，又改完州。元至元二年，改永平縣，後復爲完州。

燕南河北道肅政廉訪司。

眞定路，〔一七〕唐恒山郡，又改鎮州。宋爲眞定府。元初置總管府，領中山府，趙、邢、洺、磁、滑、相、濬、衞、祁、威、完十一州。後割磁、威隸廣平，濬、滑隸大名，祁、完隸保定，又以邢入順德，洺入廣平，相入彰德，衞入衞輝；又以冀、深、晉、蠡四州來屬。戶一十三萬四千九百八十六，口二十四萬六百七十。領司一、縣九、府一、州五。府領三縣，州領十八縣。

錄事司。

縣九

眞定，中。倚郭。藁城，中。太宗六年，爲永安州，無極、寧晉、新樂、平棘四縣隸焉。七年，廢州爲藁城縣，屬眞定。欒城，下。元氏，中。獲鹿，中。太宗在潛邸改西寧州，既即位七年，復爲獲鹿縣，隸眞定。平山，下。靈壽，下。阜平，下。涉縣。元初爲崇州，隸眞定路，後廢州復置涉縣。至元二年，省入磁州，後復來屬。

府一

中山府，唐定州。宋爲中山郡。金爲中山府。元初因之。舊領祁、完二州。太宗十一年，割二州隸順天府，後爲散府，隸眞定。領三縣：

安喜，中。新樂，下。無極。中。

州五

趙州，中。唐趙州。宋爲慶源軍。〔一八〕金改沃州。元仍爲趙州。舊領平棘、臨城、欒城、元氏、高邑、贊皇、寧晉、隆平、柏鄉九縣。太祖十五年，割欒城、元氏隸眞定。領七縣：

平棘，中。寧晉，下。隆平，下。臨城，中。柏鄉，下。高邑，下。贊皇。下。至元二年，併入高邑。七年復置。

冀州，上。唐改魏州，後仍爲冀州。宋升安武軍。元仍爲冀州。領五縣：

信都，中。至元初與冀州錄事司俱省入冀州，後復置。三年，省錄事司入焉，爲冀州治所。南宮，上。棗彊，中。武邑，中。新河。中。太宗四年置。

深州，下。唐改饒陽郡，後仍爲深州。元初隸河間，置帥府。太宗十年，隸眞定路，領饒陽、安平、武彊、束鹿、靜安五縣。後割安平、饒陽、武彊隸晉州，束鹿隸祁州，以冀州之衡水來屬。領二縣：

靜安，中。衡水。下。

晉州，〔一九〕唐、宋皆爲鼓城縣。元太祖十年，改晉州。太宗十年，立鼓城等處軍民萬戶〔所〕〔府〕。〔二〇〕中統二年，復爲晉州。領四縣：

鼓城，中。倚郭。饒陽，中。安平，下。太祖十九年，爲南平州，於此行千戶總管府事，領饒陽一縣。太宗七年，復改爲縣，隸深州。憲宗在潛，隸鼓城等處軍民萬戶府。中統二年，改立晉州，仍爲安平縣隸焉。武彊。下。元初創立東武州，領武邑、靜安。太宗六年，廢州復爲縣，改隸深州。十一年，割屬祁州。憲宗在潛，隸鼓城等處軍民萬戶府。中統二年，置晉州，縣隸焉。

蠡州，下。唐始置。宋改永寧軍。金仍爲蠡州。元初隸眞定，領司候司、博野縣。至元三年，省司候司、博野縣入蠡州。十七年，直隸省部。二十一年，仍屬眞定。

順德路，下。唐邢州。宋爲信德府。金改邢州。元初置元帥府，後改安撫司。憲宗分洛水民戶之半於武道鎭，置司總管。五年，以武道鎭置廣宗縣，併以來屬。中統三年，升順德府。至元元年，以洛州、磁州來屬。二年，洛、磁自爲一路，以順德爲順德路總管府。戶三萬五百一，口一十二萬四千四百六十五。領司一、縣九。

錄事司。

縣九

邢臺，中。倚郭。鉅鹿，中。內丘，中。至元二年，併唐山縣入焉，後復置唐山，與內丘並。平鄉，中。廣宗，中。憲宗五年置。中統三年以後屬順德府。至元二年，省入平鄉縣，後復置，隸順德路。沙河，下。至元二年，省南和縣入焉。後復置南和，與沙河並。南和，下。唐山，下。任縣。下。至元二年，省入邢臺縣，後復置。

廣平路，下。唐洺州，又爲廣平郡。元太宗八年，置邢洺路總管府，以邢、磁、威隸之。憲宗二年，爲洺磁路，止領磁、威二州。至元十五年，升廣平路總管府。戶四萬一千四百四十六，口六萬九千八十二。領司一、縣五、州二。州領六縣。

錄事司。

縣五

永年，中。倚郭。曲周，中。肥鄉，中。雞澤，下。元初併入永年，後復置。廣平。下。

州(一)[二][三]

磁州，中。唐磁州。宋爲滏陽郡。金以隸彰德。元太祖十年，升爲滏源軍節度，隸眞定路。太宗八年，隸邢洺路。憲宗二年，改邢洺路爲洺磁路。至元二年，以眞定之涉縣及成安縣併入滏陽，武安縣併入邯鄲，止以滏陽、邯鄲二縣及錄事司來屬。後復置涉縣歸眞定，以滏陽、武安、邯鄲、成安、錄事司隸焉。至元三年，併錄事司入滏陽縣。至元十五年，改洺磁路爲廣平路總管府，磁州仍隸焉。領四縣：

滏陽，中。倚郭。武安，中。邯鄲，下。成安。下。

威州，中。舊無此州，金始置。元太宗六年，割隸邢洺路，以洺水縣來屬。憲宗二年，隸洺磁路，徙州治於洺水。領二縣：

洺水，中。倚郭。太宗八年，隸洺州。定宗二年，改隸威州。憲宗二年，徙威州治此。井陘。下。威州本治此，憲宗二年，移州治於洺水縣，井陘爲屬縣。

彰德路，下。唐相州，又改鄴郡。石晉升彰德軍。金升彰德府。元太宗四年，立彰德總帥府，領衞、輝二州。憲宗二年，割出衞、輝，以彰德爲散府，屬眞定路。至元二年，復立彰德總管府，領懷、孟、衞、輝四州，及本府安陽、臨漳、湯陰、輔岩、林慮五縣。四年，又割出懷、孟、衞、輝，仍立總管，以林慮升爲林州，復立輔岩縣隸之。六年，併輔岩入安陽。戶三萬五千二百四十六，口八萬八千二百六。領司一、縣三、州一。

錄事司。

縣三

安陽，上。至元六年，併輔岩入焉。湯陰，中。臨漳。中。

州一

林州，下。本林慮縣，金升爲州。元太宗七年，行縣事。憲宗二年，復爲州。至元二年，復爲縣，又併輔岩入焉。未幾復爲州，割輔岩入安陽，仍以州隸彰德路。

大名路，（中）〔上〕。〔二二〕唐魏州。五代南漢改大名府。〔二三〕金改安武軍。〔二四〕元因舊名，爲大名府路總管府。戶六萬八千六百三十九，口一十六萬三百六十九。領司一、縣五、州三。州領六縣。

錄事司。

縣五

元城，中。倚郭。至元二年，併入大名縣，後復置。大名，中。倚郭。太宗六年，立縣治。憲宗二年，遷縣事於府城內。至元二年，省元城來屬，尋析大名、元城爲二縣。九年，還縣治於故所。南樂，中。魏縣，中。清河。本恩州地，太宗七年，籍爲清河縣，隸大名路。

州三

開州，上。唐澶州。宋升開德府。金爲開州。元割開封之長垣、曹州之東明來屬。領四縣：

濮陽，上。倚郭。東明，中。太宗七年，割隸大名路。至元二年來屬。長垣，中。初隸大名路，至元二年始隸開州。清豐。中。

滑州，中。唐改靈昌郡。宋改武成軍。元仍爲滑州。領二縣：

白馬，上。爲州治所。內黃。

濬州，下。唐置黎州，後廢。石晉置濬州。宋爲通利軍，又改平川軍。金復爲濬州。元初隸眞定。至元二年，隸大名。

懷慶路，下。唐懷州，復改河內郡，又仍爲懷州。宋升爲防禦。金改南懷州，又改沁南軍。元初復爲懷州。太宗四年，行懷孟州事。憲宗六年，世祖在潛邸，以懷孟二州爲湯沐邑。〔二五〕七年，改懷孟路總管府。至元元年，以懷孟路隸彰德路。〔二六〕二年，復以懷孟自爲一路。延祐六年，以仁宗潛邸改懷慶路。戶三萬四千九百九十三，口一十七萬九百二十六。領司一、縣三、州一。州領三縣。

錄事司。

縣三

河內，中。修武，中。武陟。中。

州一

孟州，下。唐置河陽軍，又升孟州。〔二七〕宋隸河北道。〔二八〕金大定中，爲河水所害，北去故城十五里，築今城，徙治焉。故城謂之下孟州，新城謂之上孟州。元初治下孟州。憲宗八年，復立上孟州，河陽、濟源、王屋、溫四縣隸焉。設司候司。至元三年，省王屋入濟源，併司候司入河陽。領三縣：

河陽，下。濟源，下。太宗六年，改濟源爲原州。七年，州廢，復爲縣。至元三年，省王屋縣入焉。溫縣。

錄事司。

衞輝路，下。唐義州，又爲衞州，又爲汲郡。金改河平軍。元中統元年，升衞輝路總管府，設錄事司。戶二萬二千一百一十九，口一十二萬七千二百四十七。領司一、縣四、州二。

錄事司。

縣四

汲縣，下。倚郭。新鄉，中。獲嘉，下。胙城。下。舊以胙城爲倚郭。憲宗元年，還州治于汲，以胙城爲屬邑。

州二

輝州，下。唐以共城縣置共州。宋隸衞州。金改爲河平縣，又改蘇門縣，又升蘇門縣爲輝州，置山陽縣屬焉。至元三年，省蘇門縣，廢山陽爲鎭，入本州。

淇州，下。唐、宋、金並爲衞縣之域，曰鹿臺鄉。元憲宗五年，以大名、彰德、衞輝籍餘之民，立爲淇州，因又置縣曰臨淇，爲倚郭。中統元年，隸大名路宣撫司。至元三年，立衞輝路，以州隸之，而臨淇縣省。

河間路，上。唐瀛州。宋河間府。元至元二年，置河間路總管府。戶七萬九千二百六十六，口一十六萬八千五百三十六。領司一、縣六、州六。州領十七縣。

錄事司。

縣六

河間，中。倚郭。肅寧，下。至元二年，廢爲鎭，入河間縣，後復舊。齊東，下。憲宗三年，隸濟南路。至元二年，還屬河間路。寧津，下。憲宗二年，屬濟南路。至元二年，隸河間。臨邑，下。本屬濟南府，太宗七年，割屬河間。憲宗三年，還屬濟南。至元二年，復屬河間。青城。下。本青平鎭，太宗七年，析臨邑、寧津地置縣，隸濟南。中統置青城縣，隸陵州。至元二年，隸河間。

州六

滄州，中。唐改景城郡，復仍爲滄州。金升（臨）〔橫〕海軍。〔二九〕元復爲滄州。領五縣：

清池，中。樂陵，中。南皮，下。無棣，下。至元二年，併入樂陵縣，以縣治入濟南之棣州，尋復置。鹽山。下。

景州，中。唐觀州，又改景州。宋改永靜軍。金仍改觀州。元因之。至元二年，復爲景州。領五縣：

蓨縣，中。舊屬觀州，元初升元州，後復爲蓨縣。故城，中。元初隸河間路。至元二年，併爲故城鎭，屬景州。是年，復置縣還來屬。阜城，下。東光，下。吳橋。中。

清州，下。五代置乾寧軍。宋爲乾寧郡，大觀間以河清，改清州。〔三〇〕金爲乾寧（郡）〔軍〕。〔三一〕元太宗二年，改清寧府。七年，又改清州。至元二年，以靖海、興濟兩縣及本州司候司併爲會川縣，後復置清州。領三縣：

會川，中。靖海，下。興濟。下。

獻州，下。本樂壽縣，宋隸瀛州，又隸河間府。金改爲壽州，又改獻州。元至元二年，以州併入樂壽，直隸河間路，未幾復舊。領二縣：

樂壽，中。附郭。交河。中。至元二年，入樂壽，未幾如故。

莫州，下。唐置鄚州，尋改爲莫。舊領二縣，至元二年，省入河間，未幾仍領二縣：

莫亭，下。倚郭。至元二年，與任丘俱省入河間縣，後復置。任丘。下。

陵州，下。本將陵縣，宋、金皆隸景州。〔三二〕憲宗三年，割隸河間府。是年升陵州，隸濟南路。至元二年，復爲縣。三年，復爲州，仍隸河間路。

東平路，下。唐鄆州，又改東平郡，又號天平軍。宋改東平府，隸河南道。〔三三〕金隸山東〔西〕路。〔三四〕元太祖十五年，嚴實以彰德、大名、磁、洺、恩、博、濬、滑等戶三十萬來歸，以實行臺東平，領州縣五十四。實沒，子忠濟爲東平路管軍萬戶總管，行總管府事，州縣如舊。至元五年，以東平爲散府。九年，改下路總管府。戶四萬四千七百三十一，口五萬二百四十七。領司一、縣六。

錄事司。

縣六

須城，下。爲東平治所。東阿，中。陽穀，中。汶上，中。壽張，下。平陰。下。至元十一年，以縣之辛鎭寨、孝德等四鄉分析他屬。明年，改寨爲肥城，作中縣，隸濟寧路，以平陰爲下縣，仍屬東平。

東昌路，下。唐博州。宋隸河北東路。金隸大名府。元初隸東平路。至元四年，析爲博州路總管府。十三年，改東昌路，仍置總管府。戶三萬三千一百二，口一十二萬五千四百六。

領司一、縣六。

錄事司。

縣六

聊城，中。倚郭。堂邑，中。莘縣，中。宋隸大名府，元割以來屬。博平，中。茌平，中。丘縣。下。本爲鎭，隸曲周。至元二年，併入堂邑。二十六年，山東宣慰司言：「丘縣併入堂邑，差稅詞訴相去二百餘里，往復非便。平恩有戶二千七百，升縣爲宜。」遂立丘縣，隸東昌。

濟寧路，下。唐麟州。周於此置濟州。元太宗七年，割屬東平府。至元六年，以濟州還治鉅野，仍析鄆城之四鄉來屬。八年，升濟寧府，治任城，尋還治鉅野。十二年，復立濟州，治任城，屬濟寧府。十五年，遷府於濟州，却以鉅野行濟州事。其年又以府治歸鉅野，而濟州仍治任城，但爲散州。十六年，濟寧升爲路，置總管府。戶一萬五千四百四十五，口五萬九千八百一十八。領司一、縣七、州三。州領九縣。

錄事司。

縣七

鉅野，中。倚郭。金廢，屬鄆州。至元六年復立。鄆城，上。金以水患，徙置盤溝村。元至元八年，復來屬。肥城，〔中〕。〔三五〕宋、金爲平陰縣。元至元十二年，以平陰辛鎮寨東北十五里舊城改設今縣。金鄉，下。初隸濟州，至元二年來屬。碭山，金爲水蕩沒。元憲宗七年，始復置縣治，隸東平路。至元二年，以戶口稀少，併入單父縣。三年復置，屬濟州。八年，屬濟寧路。虞城，下。金圮於水。元憲宗二年，始復置縣，隸東平路。至元二年，以戶口稀少，併入單父。三年，復立縣，屬濟州。八年，隸濟寧路。豐縣。唐屬徐州。元憲宗二年，屬濟州。至元二年，以沛縣併入豐縣。三年，復立沛縣。八年，以豐縣直隸濟寧路。

州三

濟州，下。唐以前爲濟北郡，治單父。〔三六〕唐初爲濟州，又爲濟陽郡，仍改濟州。周瀕濟水立濟州。宋因之。金遷州治任城，以河水湮沒故也。元至元二年，以戶不及千數，併隸任城。六年，遷州於鉅野，而任城爲屬邑。八年，升州爲濟寧府，治任城，復還府治鉅野。十二年，以任城當江淮水陸衝要，復立濟州，屬濟寧（路）〔府〕，〔三七〕而任城廢。十五年，遷府於濟州，以鉅野行濟州事。其年復於鉅野立府，仍於此爲州。二十三年，復置任城，隸三年來屬。

州。領三縣：

任城，倚郭。魚臺，太宗七年，屬濟州。至元二年，併入金鄉。三年復故。八年，屬濟寧府。十三年來屬。沛縣。太宗七年，移滕州治此。憲宗二年，州廢，復爲縣。至元二年，省入豐縣。三年復置。八年，隸濟寧府。十

兗州，下。唐初爲兗州，復升泰寧軍。宋改襲慶府。金改泰定軍。元初復爲兗州，屬濟州。憲宗二年，分隸東平路。至元五年，復屬濟州。十六年，隸濟寧路總管府。二十三年，立尚珍署，領屯田四百五十六戶，收子粒赴濟州官倉輸納，餘糧糶賣，所入鈔納于光祿寺。領四縣：

嵫陽，曲阜，泗水，至元二年，省入曲阜。三年復置。寧陽。至元二年，省入嵫陽。大德元年復置。

單州，下。唐置輝州，治單父。後唐改爲單州。宋升團練州。金隸歸德府。元初屬濟州。憲宗二年，屬東平府。至元五年，復屬濟州。十六年，隸濟寧路。領二縣：

單父，縣在郭下。元初與單州併屬濟州。憲宗二年，隸東平府。至元二年，復立單父縣。五年，還屬濟州，今屬單州。嘉祥。舊屬濟州。憲宗二年，割隸東平路。至元三年，還屬濟州。今爲單州屬縣。

曹州，上。唐初爲曹州，後改濟陰郡，又仍爲曹州。宋改興仁府。金復爲曹州。元初隸東平路總管府。至元二年，直隸省部。戶三萬七千一百五十三，口一十九萬五千三百三十五。領縣五：

濟陰，上。成武，中。定陶，中。禹城，中。楚丘。中。

濮州，上。唐初爲濮州，後改濮陽郡，又仍爲濮州。宋升防禦郡。金爲刺史州。元初隸東平路，後割大名之館陶、朝城，恩州之臨淸，開州之觀城來屬。至元五年，析隸省部。戶一萬七千三百一十六，口六萬四千二百九十三。領縣六：

鄄城，上。朝城，中。初隸東平府，至元五年來屬。館陶，中。初屬東平路，至元三年來屬。臨淸，觀城，下。金屬開州，元初來屬。范縣。下。初屬東平府路，至元二年來屬。

高唐州，中。唐爲縣，屬博州。宋、金因之。元初隸東平，至元七年升州。戶一萬九千一百四，口二萬三千一百二十一。領縣三：

高唐，中。夏津，中。初隸東平，至元七年來屬。武城。中。初隸東平，至元七年來屬。

泰安州，中。本博城縣，唐初於縣置東泰州，後廢州，改爲乾封縣，屬兗州。宋改奉符縣。金置泰安州。元初屬東平路。至元二年，省新泰縣入萊蕪縣。五年，析隸省部。三十一年，復立新泰縣。東嶽泰山在焉。戶九千五百四十，口一萬七百九十五。領縣四：

奉符，中。長淸，中。舊屬濟南府，元初來屬。萊蕪，下。新泰。金屬泰安州，至元二年，省入萊蕪，三十一年復立。

德州，唐初爲德州，後改平原郡，又仍爲德州。金屬山東西路。元初隸東平路總管府，割大名之清平、濟南之齊河縣來屬。戶二萬四千四百二十四，口一十五萬六千九百五十二。領縣五：

安德，下。平原，下。齊河，金創置此（州）〔縣〕，〔三八〕隸濟南府，至元二年來屬。清平，〔三九〕宋、金隸大名府，元初來屬。德平。〔四〇〕

恩州，中。唐貝州，又爲清河郡。宋改恩州。金隸大名府路。元初割清河縣隸大名府，以武城隸高唐，惟存歷亭一縣及司候司。至元二年，縣及司俱省入州。七年，自東平析隸省部。戶一萬五百四十五，口三萬七千四百七十九。

冠州，〔四一〕本冠氏縣，唐因隋舊，置毛州，後州廢，縣屬魏州。宋、金並屬大名府。元初屬東平路。至元六年，升冠州，直隸省。戶五千六百九十七，口二萬三千四十。

山東東西道宣慰司。

益都路，唐青州，又升盧龍軍。〔四二〕宋改鎮海軍。金爲益都路總管府。〔四三〕戶七萬七千一百六十四，口二十一萬二千五百二。領司一、縣六、州八。州領十五縣。

錄事司。

縣六

益都，中。倚郭。至元二年，以行淄州及行淄川縣併入。三年，又併臨淄、臨朐二縣入焉。十五年，割臨淄、臨朐復置縣，並屬本路。臨淄，下。臨朐，下。高苑，下。舊屬淄州。樂安，下。壽光。下。

州八

濰州，下。唐初爲濰州，後廢。宋爲北海軍，復升濰州。金屬益都路。元初領北海、昌邑、昌樂三縣及司候司。憲宗三年，省司候司入北海。至元三年，省昌樂縣入北海。領二縣：

北海，下。昌邑。下。

膠州，下。唐初爲膠西縣。宋置臨海軍。金仍改爲膠西縣，屬密州。元太祖於縣置膠州。領三縣：

膠西，中。即墨，下。宋、金皆隸萊州，元太祖二十二年來屬。高密。下。宋、金並隸密州。

密州，〔四四〕唐初改爲高密郡，後仍爲密州。宋爲臨海軍，復爲密州。元初因之，以膠西、高密屬膠州。憲宗三年，省司候司入諸城縣，隸益都。領二縣：

諸城，州治所。安丘。下。

莒州，下。唐廢莒州，以莒縣隸密州。宋沿其舊。金復爲莒州，隸益都府。元初因之。領四縣：

莒縣，下。州治所。憲宗三年，省司候司入焉。沂水，下。有沂山，爲東鎮。日照，下。蒙陰。下。元初，因舊名爲新泰縣。中統三年，以李璮亂，人民逃散，省入沂水。皇慶二年，復置爲蒙陰縣。

沂州，下。唐初改爲琅邪郡，後仍爲沂州。宋屬京東東路。金屬山東東路。元屬益都路。領二縣：

臨沂，中。州治所。憲宗三年，省司候司入焉。費縣。下。

滕州，下。唐爲滕縣，屬徐州。宋仍舊。金改爲滕州，屬兗州。元隸益都路。領二縣：

滕縣，下。憲宗三年，省司候司入焉。鄒縣。下。

嶧州，下。唐置鄫州，又改蘭陵縣爲承縣，後州廢，以縣屬沂州。宋仍舊。金改蘭陵縣，於縣置嶧州。元初以嶧州隸益都路，至元二年，省蘭陵入本州。

博興州，下。唐博昌縣。後唐改博興。宋屬青州。金屬益都府。元初升爲州。

山東東西道肅政廉訪司。

濟南路，上。唐（濟）〔齊〕州，又改臨淄郡，又改濟南郡，又爲（青）〔齊〕州。〔四五〕宋爲濟南府。金因之。元初改濟南路總管府，舊領淄、陵二州。至元二年，淄州割入淄萊路，陵州割入河間路，又割臨邑縣隸河間路，長清縣入泰安州，禹城縣隸曹州，齊河縣入德州，割淄州之鄒平縣來屬，置總管府。戶六萬三千二百八十九，口一十六萬四千八百八十五。領司一、縣四、州二。州領七縣。

錄事司。

縣四

歷城，中。倚郭。章丘，上。鄒平，上。唐、宋皆屬淄州，至元間來屬。濟陽。中。

州二

棣州，上。唐析滄州之陽信、商河、樂陵、厭次置棣州。宋、金因之。元初濱、棣自爲一道，中統三年，改置濱棣路安撫司。至元二年，與濱州俱隸濟南路。領四縣：

厭次，中。倚郭。初立司候司，至元二年，省入本縣。商河，中。陽信，中。無棣。下。宋、金屬滄州，元初割無棣之半屬滄州，半以來屬。

濱州，中。唐屬棣州。周始置濱州。金隸益都。元初以棣州爲濱棣路。至元二年，省路爲州，隸濟南路。領三縣：

渤海，中。初設司候司，至元二年，省入此縣。利津，下。霑化。下。

般陽府路，下。唐淄州，宋屬河南道。〔四六〕金屬山東東路。元初太宗在潛，置新城縣。中統四年，割濱州之蒲臺來屬。先是，淄州隸濟南路總管府；五年，升淄州路，置總管府。是歲改元至元，割鄒平屬濟南路、高苑屬益都路。二年，改淄州路爲淄萊路。二十四年，改般陽路，取漢縣以爲名。戶二萬一千五百三十，口一十二萬三千一百八十五。領司一、縣四、州二。州領八縣。

錄事司。

縣四

淄川，中。倚郭。長山，中。初屬濟南路，中統五年來屬。新城，中。本長山縣驛臺，太宗在潛，以人民完聚，創置城曰新城，以田、索二鎮屬焉。蒲臺。下。金屬濱州，元初隸濱棣路。中統五年，屬淄州。至元二年，改屬淄萊路，升中縣。

州二

萊州，中。唐初改東萊郡爲萊州。宋爲防禦州。金升定海軍，屬山東東路。元初屬益都路。中統五年，屬淄（萊）〔州〕路。〔四七〕舊設錄事司。至元二年，省入掖縣，又省卽墨入掖與膠水，仍隸般陽路。領四縣：

掖縣，中。倚郭。至元二年，省錄事司，析卽墨縣入焉。膠水，下。至元二年，析卽墨縣入焉。招遠，下。萊陽。下。

登州，下。唐初爲牟州，復改登州，宋屬河南道。〔四八〕元初屬益都路。中統五年，別置淄（萊）〔州〕路，以登州隸之。至元二十四年，改屬般陽路。領四縣：

蓬萊，下。黃縣，下。福山，下。僞齊以登州之兩水鎭爲福山縣，楊疃鎭爲棲霞縣。棲霞。下。

寧海州，下。僞齊劉豫以登州之文登、牟平二縣立寧海軍。金升寧海州。元初隸益都路。至元九年，直隸省部。戶五千七百一十三，口一萬五千七百四十三。領縣二：

牟平，中。文登。下。

河東山西道宣慰使司。

大同路，上。唐爲北恒州，又爲雲州，又改雲中郡。遼爲西京大同府。金改總管府。元初置警巡院。至元二十五年，改西京爲大同路。戶四萬五千九百四十五，口一十二萬八千四百九十六。領司一、縣五、州八。州領四縣。大德四年，於西京黃華嶺立屯田。六年，立萬戶府，所屬山陰、雁門、馬邑、鄯陽、洪濟、金城、寧武凡七屯。

錄事司。

縣五

大同，中。倚郭。至元二年，省西縣入焉。白登，下。至元二年，廢爲鎮，屬大同縣，尋復置。宣寧，下。平地，下。本號平地裊，至元二年，省入豐州。三年，置縣，曰平地。懷仁。下。

州八

弘州，下。唐爲清塞軍，隸蔚州。遼置弘州。金仍舊。舊領襄陰、順聖二縣。元至元中，割順聖隸宣德府，惟領襄陰及司候司，後並省入州。

渾源州，下。唐爲渾源縣，隸應州。金升爲州，仍置縣在郭下，併置司候司。元至元四年省入州。

應州，下。唐末置。後唐升彰國軍。元初仍爲應州。領二縣：

金城，下。州治所。山陰。下。至元二年，併入金城，後復置。

朔州，下。唐改馬邑郡爲朔州。後唐升（鎮）〔振〕武軍。〔四九〕宋爲朔寧府。金爲朔州。元因之。領二縣：

鄯陽，下。至元四年，省錄事司入焉。馬邑。下。

武州，下。唐隸定襄、馬邑二郡。遼置武州宣威軍。元至元二年，割寧邊州之半來屬。舊領寧邊一縣及司候司，四年省入州。

豐州，下。唐初爲豐州，又改九原郡，又仍爲豐州。金爲天德軍。元復爲豐州。舊有錄事司幷富民縣，元至元四年省入州。

東勝州，下。唐勝州，又改榆林郡，又復爲勝州。張仁愿築三受降城，東城南直榆林，後以東城濱河，徙置綏遠峯南郡今東勝州是也。〔五〇〕金初屬西夏，後復取之。元至元二年，省寧邊州之半入焉。舊有東勝縣及錄事司，四年省入州。

雲內州，下。唐初立雲中都督府，復改橫塞軍，又改天德軍，即中受降城之地。金爲雲內州。舊領雲川、柔服二縣，元初廢雲川，設錄事司。至元四年，省司、縣入州。

河東山西道肅政廉訪司。

冀寧路，上。唐幷州，又爲太原府。宋、金因之。元太祖十(一)〔三〕年，立太原路總管府。〔五二〕大德九年，以地震改冀寧路。戶七萬五千四百四，口一十五萬五千三百二十一。領司一、縣十、州十四。州領九縣。

錄事司。

縣十

陽曲，中。倚郭。文水，中。平晉，下。祁縣，下。舊隸晉州，後州廢，隸太原路。榆次，下。至元二年，隸太原路。太谷，下。清源，下。壽陽，下。交城，下。徐溝。下。

州十四

汾州，中。唐改西河郡爲浩州，又改汾州，又改西河郡，又爲汾州。金置汾陽軍。元初立汾州元帥府，割靈石縣隸平陽路之霍州，仍析置小靈石縣，後廢府。至元二年，復行州事，省小靈石入介休。三年，併溫泉入孝義。領四縣：

西河，中。孝義，下。至元三年，割溫泉縣之半置巡檢司，隸本縣。平遙，下。元初屬太原府，至元二年來屬。

介休。下。元初直隸太原府，至元二年來屬，仍省小靈石縣入焉。

石州，下。唐初改離石郡爲石州，又改昌化郡，又仍爲石州。宋、金因其名。元中統二年，省離石縣入本州。三年，復立。至元三年，省溫泉入孝義，以臨泉爲臨州。〔五二〕舊置司候司，後與孟門、方山俱省入離石。領二縣：

離石，下。倚郭。寧鄉。下。太宗九年，隸太原府。定宗三年，隸石州。憲宗九年，又隸太原府。〔五三〕至元三年，復來屬。

忻州，下。唐初置新興郡，後改忻州，又改定襄郡，又爲忻州。金隸太原府。元因之。領二縣：

秀容，下。倚郭。至元二年，省入忻州。四年復置。定襄。下。

平定州，下。唐爲廣陽縣。宋爲平定軍。金爲平定州。元至元二年，省倚郭平定、樂平二縣入本州。〔五四〕七年，復立樂平。領一縣：

樂平。下。倚郭。至元二年，省縣爲鄉，入本州。立巡檢司。七年復立。

臨州，下。唐置臨泉縣，又置北和州，後州廢，隸石州。宋置晉寧軍。〔五五〕金廢軍，置臨水縣，隸石州。元中統二年，仍改臨泉縣，直隸太原府。〔五六〕三年，升臨州。

保德州，下。本嵐州地，宋始置州。〔五七〕舊有倚郭縣，元憲宗七年廢縣。至元二年，省隩州、苣州入本州。三年，又併岢嵐軍入焉。四年，割岢嵐隸管州，隩州仍來屬。

崞州，下。本崞縣，元太（宗）〔祖〕十四年升崞州。〔五八〕

管州，下。唐以靜樂縣置，後州廢，屬嵐州。後又爲憲州。宋爲靜樂軍。〔五九〕金爲靜樂郡，又改爲管州。元太祖十六年，以嵐州之岢嵐、寧化、樓煩併入本州。至元二十二年，割岢嵐隸嵐州，而寧化、樓煩併入本州。

代州，下。唐置代州總管府。金改都督府。元中統四年，併雁門縣入州。

臺州，下。唐爲五臺縣，隸代州。金升臺州，隸太原路。〔六〇〕元因之。

興州，下。唐臨津縣，隸嵐州，又改合河縣。金升興州，隸太原路。元因之。

堅州，下。唐繁畤縣。金爲堅州，隸太原路。元因之。

嵐州，下。唐、宋並爲嵐州。金升鎭西節度。至元二年，省入管州。五年復立。

盂州，下。本盂縣，金升爲州。元因之。

晉寧路，上。唐晉州。金爲平陽府。元初爲平陽路，大德九年，以地震改晉寧路。戶一十二萬六百三十，口二十七萬一百二十一。領司一、縣六、府一、州九。府領六縣，州領四十縣。

錄事司。

縣六

臨汾，中。倚郭。襄陵，中。洪洞，中。浮山，下。汾西，下。岳陽。下。本（猗）〔冀〕氏縣，屬平陽府。〔六一〕

至元三年，省入岳陽縣。四年，以縣當東西驛路之要復置，併岳陽、和川二縣入焉。後復改爲岳陽縣。

府一

河中府，唐蒲州，又改河中府，又改河東郡，又仍爲河中府。宋爲護國軍。金復爲河中府。元憲宗在潛，置河解萬戶府，領河、解二州。河中府領錄事司及河東、臨晉、虞鄉、猗氏、萬泉、河津、(滎)〔榮〕河七縣。〔六二〕至元三年，省虞鄉入臨晉，省萬泉入猗氏，併錄事司入河東，罷萬戶府，而河中府仍領解州。八年，割解州直隸平陽路，河中止領五縣。十五年，復置萬泉縣來屬。領六縣：

河東，下。府治所。萬泉，下。猗氏，下。(滎)〔榮〕河，下。金隸(滎)〔榮〕州，〔六三〕元初廢(滎)〔榮〕州，復爲(滎)〔榮〕河縣。臨晉，下。河津。下。

州九

絳州，中。唐初爲絳郡，又改絳州。宋置防禦。金改晉安府。元初爲絳州行元帥府，河、解二州諸縣皆隸焉。後罷元帥府，仍爲絳州，隸平陽路。領七縣：

正平，下。倚郭。至元二年，省錄事司入焉。太平，中。曲沃，下。翼城，下。金爲翼州，元初復爲翼城縣，隸絳州。稷山，下。絳縣，下。至元二年，省垣曲縣入焉。十六年，復立垣曲縣，絳縣如故。垣曲。下。

潞州，下。唐初爲潞州，後改上黨郡，又仍爲潞州。宋改隆德軍。金復爲潞州。元初爲隆德府，行都元帥府事。太宗三年，復爲潞州，隸平陽路。至元三年，以涉縣割入眞定府，以錄事司併入上黨縣。領七縣：

上黨，下。壺關，下。長子，下。潞城，下。屯留，下。至元三年，省入襄垣。十五年復置。襄垣，下。黎城。下。至元二年，併涉縣偏城等十三村入焉。

澤州，下。唐初爲澤州，後爲高平郡，又仍爲澤州。宋屬河東道。金爲平陽府。〔六四〕元初置司候司及領晉城、高平、陽城、沁水、端氏、陵川六縣。至元三年，省司候司、陵川縣入晉城，省端氏入沁水。後復置陵川。領五縣：

晉城，下。高平，下。陽城，下。沁水，下。陵川。下。至元三年，省入晉城，後復置。

解州，下。本唐蒲州之解縣。五代漢乾祐中置解州。宋屬京兆府。〔六五〕金升寶昌軍。元至元四年，併司候司入解縣。有鹽池，方一百二十里。領六縣：

解縣，下。安邑，下。聞喜，下。夏縣，下。平陸，下。芮城。下。

霍州，下。唐初爲霍山郡，又改呂州，又廢州而以縣隸晉州。金改霍州。元因之。領三縣：

霍邑，下。倚郭。有霍山爲中鎭。趙城，舊屬平陽府。靈石。下。舊屬汾州。

隰州，下。唐初爲隰州，又改大寧郡，又仍爲隰州。元以州隸晉寧路。領五縣：

隰川，中。州治所。至元三年，省大寧、蒲、溫泉三縣入焉。大寧，下。至元三年，省入隰川，二十三年復置。

石樓，下。永和，下。蒲縣。下。〔六六〕

沁州，下。唐初爲沁州，又改陽城郡，又仍爲沁州。宋置威勝軍。金仍爲沁州。元因之。領三縣：

銅鞮，下。州治所。至元三年，省錄事司、武鄉縣入焉。沁源，下。至元三年，省綿上縣入焉。武鄉。下。至元三年，省入銅鞮，後復立。

遼州，下。唐初置遼州，又改箕州，又改儀州。宋復爲遼州。〔六七〕元隸晉寧路。領三縣：

遼山，下。倚郭。榆社，下。至元三年，省入遼山，六年復立。和順。下。至元三年，省儀城縣入焉。

吉州，下。唐初爲西汾州，〔六八〕又爲南汾州，又改慈州。宋置吉鄉軍。金改耿州，又改吉州。元初領司候司、吉鄉、鄉寧二縣。中統二年，併司候司入吉鄉縣。至元二年，省吉鄉。三年，又省鄉寧並入州。後復置鄉寧。領一縣：

鄉寧。下。

嶺北等處行中書省統和寧路總管府。

和寧路，上。始名和林，以西有哈剌和林河，因以名城。太祖十五年，定河北諸郡，建都於此。初立元昌路，後改轉運和林使司，前後五朝都焉。太宗乙未年，城和林，作萬安宮。丁酉，治伽堅荼寒殿，在和林北七十餘里。戊戌，營圖蘇胡迎駕殿，去和林城三十餘里。世祖中統元年，遷都大興，和林置宣慰司都元帥府。後分都元帥府於金山之南，和林止設宣慰司。至元二十六年，諸王叛兵侵軼和林，宣慰使怯伯等乘隙叛去。二十七年，立和林等處都元帥府。大德十一年，立和林等處行中書省，以淇陽王月赤察兒爲右丞相，太傅答剌罕爲左丞相，罷和林宣慰司都元帥府，置和林總管府。至大二年，改行中書省爲行尚書省。四年，罷尚書省，復爲行中書省。皇慶元年，改嶺北等處行中書省，改和林路總管府爲和寧路總管府。至元二十年，令西京宣慰司送牛一千，赴和林屯田。二十二年，併和林屯田入五條河。三十年，命戍和林漢軍四百，留百人，餘令耕屯杭海。元貞元年，於六衞漢軍內撥一千人赴稱海屯田，北方立站帖里干、木憐、納憐等一百一十九處。

校勘記

〔一〕凡路低於省一字至亦止低於省一字　今按標點本格式排印：凡省皆低兩字起行，路、省直隸府州、宣慰司、廉訪司頂格，以下遞低一字。

〔二〕初設警巡院三至元四年省其一止設左右二院　「四年」疑當作「二十四年」。按趙萬里輯本元一統志有「元初設大都警巡院及左右二院。」「建置於至元十二年，至二十四年省併，止設左右二院，分領京師城市民事」。

〔三〕金爲中都　按金史卷二四地理志，中都路領薊州。考異云：「當云金屬中都路，轉寫脫譌耳。」

〔四〕金平契丹置（恒）〔桓〕州　從道光本改。按金史卷二四地理志，西京路領桓州。

〔五〕遼爲德州　按金史卷二四地理志，宣德州，下，刺史。遼改晉武州爲歸化州雄武軍。遼史卷四一地理志，歸化州雄武軍，唐升武州，晉高祖割獻於遼，改今名。此處「德州」當爲「歸化州」之誤。

〔六〕太宗七年改山（西）東路總管府　據本書卷八一選舉志及至正集卷四四上都孔子廟碑所見「山西東路」補。

〔七〕金爲（興德）〔德興〕府　道光本與本書卷六世祖紀至元三年十月庚申條及金史卷二四地理志合，從改正。

〔八〕又改爲興唐縣　按舊唐書卷三九地理志，蔚州，至德二年九月改爲興唐郡。此處「縣」當作「郡」。

〔九〕金初爲興化（郡）〔軍〕　按金史卷二四地理志，興州，寧朔軍節度使，本遼北安州興化軍。遼史卷三九地理志亦作「興化軍」。據改。

〔一〇〕金爲松山縣隸北京（路）大定府（路）　按金史卷二四地理志，北京路，府四，有大定府，大定府領縣十一，有松山。據改正。新編已校。

〔一一〕元中統三年以郡爲內輔升隆興路總管府建行宮　本證云：「是年升撫州爲隆興府，其升路在至元四年。」

〔一二〕(咸)〔威〕寧　考史拾遺云：「金志，撫州有威寧縣，永安二年以撫州新城鎮置。元之興和路卽金撫州，則咸寧乃威寧之譌信矣。」從改。參見卷五校勘記〔一〇〕。

〔一三〕大德四年以水患改永平路　按本書卷二一成宗紀大德七年十月乙未條有「改平灤爲永平路」。疑此處「四」當作「七」。

〔一四〕今昌黎屬本縣　本證云：「案本縣疑當作本路。」

〔一五〕元太宗十(一)〔三〕年升順天路　按混一方輿勝覽，辛丑年，割出雄、易、保、遂、安肅五州立順天路。又本書卷一四七張柔傳有「辛丑，升保州爲順天府」。元太宗十三年辛丑，「一」誤，今改。本證已校。

〔一六〕十二年改(屬)順天路爲保定路　按本書卷八世祖紀至元十二年十一月壬午條有「改順天(府)〔路〕爲保定(府)〔路〕」。此處「屬」字涉上文而衍，今删。

〔一七〕眞定路　原闕上下等差。按本書卷九一百官志，「十萬戶之上者爲上路」。本路戶十三萬四千餘，當屬上路。事林廣記前集卷四郡邑類作「眞定路上」。

〔一八〕宋爲慶源軍　按宋史卷八六地理志，慶源府，「崇寧四年賜軍額，宣和元年升爲府」。考異云：「其初雖有慶源軍節度之名，乃升刺史州爲節度州，非改州爲軍也。當云宋爲慶源府。」

〔一九〕晉州　原闕上中下等差。事林廣記前集卷四郡邑類作「晉州中」。

〔二〇〕太宗十年立鼓城等處軍民萬戶(所)〔府〕　下文晉州安平、武彊下皆有「憲宗在潛，隸鼓城等處軍民萬戶府」。據改。

〔二一〕州(一)〔二〕　從道光本改。按上文作「州二」，下文有「磁州」、「威州」。

〔二二〕大名路(中)〔上〕　按本書卷九一百官志：「二十年，定十萬戶之上者為上路，十萬戶之下者為下路，當衝要者雖不及十萬戶亦為上路。」元路只分上下，無中路。事林廣記前集卷四郡邑類有「大名路上」，據改。

〔二三〕五代南漢改大名府　按太平寰宇記卷五四，魏州，漢乾祐元年改為大名府。乾祐係五代漢隱帝年號，五代漢亦稱後漢。南漢為五代十國之一，轄境在今廣東、廣西一帶，與大名路無涉。新編改作「五代後漢」。

〔二四〕金改安武軍　金史卷二六地理志有「大名府，上，天雄軍」。按唐時在魏州設立魏博節度，唐末改稱天雄軍節度。金仍以大名府軍額為天雄軍，非改大名路為天雄軍。安武軍為冀州節度之軍額。此處當作「金稱天雄軍」。

〔二五〕世祖在潛邸以懷孟二州為湯沐邑　考異云：「案中統五年重立孟州三城記稱：『河南甫定，孟猶邊鄙，版籍仍希，為懷所幷。』蓋太宗初定中原，以孟州地倂於懷，故有懷孟州之稱。曷思麥里傳云『歲壬辰，授懷孟州達魯花赤。乙卯卒，子密里吉復爲懷孟達魯花赤』，是其證也。」此處「二」字衍。

〔二六〕七年改懷孟路總管府至元元年以懷孟路隸彰德路　考異云：「予家藏中統元年祭濟瀆記碑，後列宣授懷孟州達魯花赤蜜里及即密里吉、宣授懷孟州總管覃澄、提領懷孟州課稅所官石伯濟名。碑立於世祖初，尙稱州而不稱路，然則憲宗之世，但置總管，未嘗改爲懷孟路也。」

〔二七〕唐置河陽軍又升孟州　按舊唐書卷三八地理志，河陽，隋縣。此處「置」似當作「爲」。又孟州係會昌三年由河陽縣升，當時河陽節度以懷州爲理所。迨建孟州後，始自懷州遷來。此處「河陽軍」當爲「河陽縣」之誤。

〔二八〕宋隸河北道　考異云：「案十道之名，立于唐世。宋分天下爲十五路，後又析爲十八路，又析爲二十三路，無諸道之名也。」

〔二九〕金升(臨)〔橫〕海軍　從道光本改。考異云：「案滄州自唐時爲橫海軍節度治所，宋、金皆因其名。此作臨海，誤。」

〔三〇〕宋爲乾寧郡大觀間以河淸改淸州　此處文字有倒舛，當作「宋大觀間以河淸改淸州，爲乾寧郡」。按宋史卷八六地理志，淸州，下，本乾寧軍，大觀二年升爲州，政和三年賜郡名曰乾寧。是先升爲淸州，後名乾寧郡。

〔三一〕金爲乾寧（郡）〔軍〕　從道光本改。按金史卷二五地理志，清州，中，宋乾寧郡軍，國初因置軍。

〔三二〕宋金皆隸景州　按輿地廣記卷一〇，永靜軍，「唐置景州。周降爲定遠軍」。「景德元年改爲永靜」。是唐之景州，在宋先稱定遠軍，後稱永靜軍，金初始陞爲景州。此處「宋、金」當作「唐、金」。

〔三三〕宋改東平府隸河南道　考異云：「宋無十道之名，當云隸京東西路。」

〔三四〕金隸山東〔西〕路　按金史卷二五地理志，山東西路，府一，東平府。據補。新元史已校。

〔三五〕肥城〔中〕　上文東平路平陰條有「明年，改寨爲肥城，作中縣，隸濟寧路」。據補。新編已校。

〔三六〕唐以前爲濟北郡治單父　考史拾遺云：「唐以前濟北郡治單父，不知何據。考太平寰宇記，單州單父縣後魏嘗置北濟陰郡，或因是誤以爲濟北郡邪？」

〔三七〕復立濟州屬濟寧（路）〔府〕　按上文濟寧路，「十二年，復立濟州，治任城，屬濟寧府」，「十六年，濟寧升爲路」。據改。

〔三八〕齊河金創置此（州）〔縣〕　從道光本改。按金史卷二五地理志，濟南府屬縣七，有齊河。又，原闕上中下等差。齊乘作「齊河縣中」。

〔三九〕清平　原闕上中下等差。齊乘作「清平縣中」。

〔四〇〕德平　原闕上中下等差。齊乘作「德平縣下」。

〔四一〕冠州　原闕上中下等差。事林廣記卷四作「冠州下」。按冠州戶五千六百九十七。不足六千戶，依元制爲下州。

〔四二〕益都路唐青州又升盧龍軍　按齊乘卷三：「乾元元年，復爲青州，置平盧淄青節度。」此作「盧龍」誤。考異已校。原闕上下等差。事林廣記卷四作「益都路上」。

〔四三〕金爲益都路總管府　按金史卷二五地理志，山東東路，府二，有益都府。元時始稱益都路。志文此處當有訛脫。

〔四四〕密州　原闕上中下等差。事林廣記、齊乘作「密州下」。

〔四五〕唐（濟）〔齊〕州又改臨淄郡又改濟南郡又爲（青）〔齊〕州　按舊唐書卷三八地理志，齊州，隋爲齊郡。武德元年，改爲齊州。天寶元年，改爲臨淄郡，五載爲濟南郡。乾元元年，復爲齊州。據改。

〔四六〕唐淄州宋屬河南道　按齊乘卷三，般陽府路，唐武德元年置淄州，屬河南道。宋置淄、萊、登三州，屬京東東路。此處「宋」字疑衍誤。

〔四七〕中統五年屬淄（萊）〔州〕路　按上文般陽府路淄州，中統「五年升淄州路」，至元「二年，改淄州路爲淄萊路」。據改。下同。本證已校。

〔四八〕唐初爲牟州復改登州宋屬河南道　按新唐書卷三八地理志，河南道領登州。宋史卷八五地理志，京東東路，領登州。此處「宋」字衍。考異已校。

〔四九〕後唐升（鎮）〔振〕武軍　按宋史卷九〇地理志，朔州，唐置。後唐爲振武軍。「鎮」爲「振」之誤，今改。考異已校。

〔五〇〕後以東城濱河徙置綏遠峯南郡今東勝州是也　按新唐書卷三七地理志，豐州東受降城，寶曆元年，振武節度使張惟清以東城濱河，徙置綏遠峯南。按唐無「綏遠峯南郡」，「郡」當係「郎」之誤。

〔五一〕元太祖十(一)〔三〕年立太原路總管府　按元一統志，太原路，「元戊寅歲九月，太師國王撫定其地，立太原路」。戊寅爲元太祖十三年。本書卷一太祖紀十三年戊寅秋八月條有「木華黎自西京入河東，克太原、平陽及忻、代、澤、潞、汾、霍等州」。是十三年前，太原屬金，作「十一年」誤，今改。新元史已校。

〔五二〕至元三年省溫泉入孝義以臨泉爲臨州　此處志文有顛倒，當作「以臨泉爲臨州。至元三年，省溫泉入孝義」。以臨泉爲臨州，事在中統三年。本書卷五世祖紀中統三年十二月戊寅條有「陞太原臨泉縣爲臨州」。又下文臨州，「元中統二年，仍改臨泉縣，直隸太原府。三年，升臨州」。此處繫至元三年，誤。

〔五三〕憲宗九年又隸太原府　永樂大典卷五二〇〇引太原志，寧鄉縣，「至辛亥又隸總管府」。辛亥爲憲宗元年，疑此處「九年」爲「元年」之誤。

〔五四〕元至元二年省倚郭平定樂平二縣入本州　按元一統志，平定州，「至元三年，省平定、樂平二縣入平定州」。永樂大典卷五二〇〇引太原志，平定州，至元三年，「省平定縣」。又樂平縣，「至元三年，省入平定州親管」。此處「二」當作「三」。

〔五五〕宋置晉寧軍　按宋史卷八六地理志，晉寧軍，元符二年，以葭蘆砦爲晉寧軍，割石州之臨泉隸焉。永樂大典卷五二〇〇引太原志同。此處「置」疑應作「隸」。

〔五六〕金廢軍置臨水縣隸石州元中統二年仍改臨泉縣直隸太原府　按金史卷二六地理志，石州屬縣有臨泉。「臨水」當爲「臨泉」之誤。又金既有臨泉縣，元中統二年「仍改臨泉縣」，於文義不通。考永樂大典卷五二〇〇引太原志，金臨泉縣，「元己卯年，置臨州行兵馬都元帥府」，己卯爲元太祖十四年。則太祖時又有臨州之建制，而志文此處失書，遂使「仍改」一辭無法理解。

〔五七〕本嵐州地宋始置州　按宋史卷八六地理志，保德軍，同下州。淳化四年，析嵐州地置定羌軍，景德元年改。金史卷二六地理志，保德州，下，刺史。本宋保德軍，大定二十二年升爲州。是宋置保德軍，金置保德州。此處「宋」當作「金」。

〔五八〕元太(宗)〔祖〕十四年升崞州　按清類天文分野之書，崞縣，元己卯年陞爲崞州，隸太原路。又永樂大典卷五二〇〇引太原志，「興定三年升崞縣爲崞州」。己卯年與金興定三年均爲元太祖十四年，據改。

〔五九〕唐以靜樂縣置後州廢屬嵐州後又爲憲州宋爲靜樂軍　此處史文有顛倒。按舊唐書卷三九地理志，武德四年置管州，領靜樂，五年改管州爲北管州，六年省北管州，遂以靜樂屬嵐州，更無「後又爲憲州」事。唐之憲州，設在樓煩，不在靜樂。宋史卷八六地理志，憲州，初治樓煩。咸平五年移治靜樂軍，縣遂廢，軍又廢。熙寧三年廢憲州，十年，復憲州，仍領靜樂縣。又據宋會要卷八方域，靜樂縣，咸平二年陞縣爲軍。五年，徙憲州于靜樂縣。此處「又爲憲州」句當置「宋爲靜樂軍」句之後。

〔六〇〕金升臺州隸太原路　按金河東北路領府一，太原府。此處及其下興州、堅州條俱作「太原路」，「路」字疑誤。

〔六一〕本（猗）〔冀〕氏縣屬平陽府　按宋史卷八六、金史卷二六地理志，平陽府領縣十，有冀氏，無猗氏。據改。本證已校。

〔六二〕（滎）〔榮〕河　據混一方輿勝覽、宋會要輯稿方域五、宋史卷八七地理志改。下同。

〔六三〕（滎）〔榮〕州　據本書卷一一九木華黎傳及金史卷一六宣宗紀元光元年冬十月乙未條改。下同。

〔六四〕宋屬河東道金爲平陽府　按宋史卷八六地理志，河東路領州十四，有澤州。此作「河東道」誤。考異已校。又按金史卷二六地理志，河東南路領府二，有平陽府，又領刺郡六，有澤州。澤州與平陽府皆隸河東南路。此處史文有誤。新元史作「金故州屬河東南路」。

〔六五〕宋屬京兆府　按宋史卷八七地理志，永興軍路領府二，有京兆府。領州十五，有解州。解州不屬京兆府，屬永興軍路。考異云：「府下當有路，京兆府路卽永興軍路也。」

〔六六〕蒲縣　按隰川下注明蒲縣在至元三年省入隰川，而此處復有蒲縣，前後牴牾。本書卷一一八成宗紀至元三十一年秋七月己未條有「復立平陽路之蒲、武鄉」。則蒲縣在至元三年省併後，至元三十一年復立。此處當脫相應史文。

〔六七〕宋復爲遼州　按舊唐書卷三九地理志，遼州，武德八年改遼州爲箕州。中和三年八月復爲遼州。是宋之遼州，乃承用唐舊名。此處「宋」字衍。

〔六八〕唐初爲西汾州　按舊唐書卷三九地理志，慈州，武德元年改爲汾州。五年，改爲南汾州。新唐書卷三九地理志、唐會要皆作「汾州」，無「西」字。此處「西」字當衍。

元史卷五十九

志第十一

地理二

遼陽等處行中書省，爲路七、府一，屬州十二，屬縣十。徒存其名而無城邑者，不在此數。本省計站一百二十處。

遼陽路，上。唐以前爲高句驪及渤海大氏所有。梁貞明中，阿保機以遼陽故城爲東平郡。後唐升爲南京。石晉改爲東京。金置遼陽府，領遼陽、鶴野二縣；後復改爲東京，宜（風）〔豐〕、澄、復、蓋、瀋、貴德州、廣寧府、來遠軍並屬焉。〔一〕元初廢貴德、澄、復州、來遠軍，以廣寧府、婆娑府、懿州、蓋州作四路，直隸省。至元六年，置東京總管府，降廣寧爲散府隸之。十五年，割廣寧仍自行路事，直隸省。十七年，又以婆娑府、懿州、蓋州來屬。二十四年，始立行省。二十五年，改東京爲遼陽路，後廢婆娑府爲巡檢司。戶三千七百八，口三萬三千二百三十一。壬子年抄籍數。領縣一、州二。

縣一

遼陽。下。倚郭。至元六年，以鶴野縣、警巡院入焉。

州二

蓋州，下。初爲蓋州路。至元六年，併爲東京支郡，併熊岳、（陽）〔湯〕池二縣入建安縣。〔三〕八年，又併建安縣入本州。

懿州，下。初爲懿州路。至元六年爲東京支郡，所領豪州及同昌、靈山二縣省入順安縣，入本州。

廣寧府路，下。金爲廣寧府。元封孛魯古歹爲廣寧王，舊立廣寧行帥府事；後以地遠，遷治臨潰，立總管府。至元六年，以戶口單寡，降爲東京路總管府屬郡。十五年，復分爲路，行總管府事。有醫巫閭山爲北鎭，在府城西北一十里。至順錢糧戶數四千五百九十五。領縣二：

閭陽，下。初立千戶所，至元十五年，以戶口繁夥，復立行千戶所。後復爲閭陽縣。望平。至元六年，省鍾秀縣入焉。十五年，爲望平軍民千戶所，今復爲縣。

肇州。按哈剌八都魯傳：至元三十年，世祖謂哈剌八都魯曰：「乃顏故地曰阿八剌忽者產魚，吾今立城，而以兀速、憨哈納思、乞里吉思三部人居之，名其城曰肇州，汝往爲宣慰使。」既至，定市里，安民居，得魚九尾皆千斤來獻。又成宗紀，元貞元年，立肇州屯田萬戶府，以遼陽行省左丞阿散領其事。而大一統志與經世大典皆不載此州，不知其所屬所領之詳。今以廣寧爲乃顏分地，故附注於廣寧府之下。乃顏，孛魯古歹之孫也。

山北遼東道肅政廉訪司。

大寧路，上。本奚部，唐初其地屬營州，貞觀中奚酋可度內附，乃置饒樂郡。遼爲中京大定府。金因之。元初爲北京路總管府，領興中府及義、瑞、興、高、錦、利、惠、川、建、和十州。中統三年，割興州及松山縣屬上都路。至元五年，併和州入利州爲永和鄉。七年，興中府降爲州，仍隸北京，改北京爲大寧。二十五年，改爲武平路，後復爲大寧。戶四萬六千六，口四十四萬八千一百九十三。壬子年數。領司一、縣七、州九。

錄事司。初置警巡院，至元二年，改置錄事司。

縣七

大定，下。中統二年，省長興入焉。龍山，下。初屬大定府。至元四年，屬利州，後復來屬。富庶，下。至元三年，省入興中州，後復置。和衆，下。金源，下。惠和，下。武平。下。

州九

義州。下。

興中州，下。元初因舊爲興中府，後省。至元七年，又降府爲州。

瑞州。下。至元二十三年，伯顏奏准以哱都、哈斛等拘收戶計，種田立屯於瑞州之西，撥瀕海荒閑地及時開耕，設打捕屯田總管府，仍以哱都、哈斛等爲屯田官。

高州。下。

錦州。下。

利州。下。

惠州。下。

川州。下。

建州。下。

東寧路，本高句驪平壤城，亦曰長安城。漢滅朝鮮，置樂浪、玄菟郡，此樂浪地也。晉義熙後，其王高璉始居平壤城。唐征高麗，拔平壤，其國東徙，在鴨綠水之東南千餘里，非平壤之舊。至王建，以平壤爲西京。元至元六年，李延齡、崔坦、玄元烈等以府州縣鎮六十城來歸。八年，改西京爲東寧府。十三年，升東寧路總管府，設錄事司，割靜州、義州、麟州、威遠鎮隸婆娑府。本路領司一，餘城堙廢，不設司存，今姑存舊名。

錄事司。土山縣。中和縣。鐵化鎮。

都護府，自唐之季，地入高麗，置府州縣鎮六十餘城，此爲都護府，雖仍唐舊名，而無都護府之實。至元六年，李延齡等以其地來歸，後城治廢毀，僅存其名，屬東寧路。定遠府。郭州。撫州。黃州。領安岳、三和、龍岡、咸從、江西五縣，長命一鎮。靈州。慈州。嘉州。順州。殷州。宿州。德州。領江東、永清、通海、順化四縣，寧遠、柔遠、安戎三鎮。昌州。鐵州。領定戎一鎮。泰州。价州。朔州。宣州。領寧朔、席島二鎮。成州。領樹德一鎮。熙州。孟州。領三登一縣，椒島、椵島、寧德三鎮。延州。領陽巖一鎮。雲州。

瀋陽路，本挹婁故地，渤海大氏建定理府，都督瀋、定二州，此爲瀋州地。契丹爲興遼軍，金爲昭德軍，〔三〕又更顯德軍，後皆燬於兵火。元初平遼東，高麗國麟州神騎都領洪福源率西京、都護、龜州四十餘城來降，各立鎮守司，設官以撫其民。後高麗復叛，洪福源引衆來歸，授高麗軍民萬戶，徙降民散居遼陽、瀋州，初創城郭，置司存，僑治遼陽故城。中統二年，改爲安撫高麗軍民總管府。及高麗舉國內附，四年，又以質子(淳)〔綧〕爲安撫高麗軍民總管，〔四〕分領二千餘戶，理瀋州。元貞二年，併兩司爲瀋陽等路安撫高麗軍民總管府，仍治遼陽故城，轄總管五、千戶二十四、百戶二十五。至順錢糧戶數五千一百八十三。

開元路，古肅愼之地，隋、唐曰黑水靺鞨。唐初，渠長阿固郎始來朝，後乃臣服，以其地爲燕州，置黑水府。其後渤海盛，靺鞨皆役屬之。又其後渤海浸弱，爲契丹所攻，黑水復擅其地，東瀕海，南界高麗，西北與契丹接壤，卽金鼻祖之部落也。初號女眞，後避遼興宗諱，改曰女直。太祖烏古打既滅遼，卽上京設都，海陵遷都於燕，改爲會寧府。金末，其將蒲鮮萬奴據遼東。元初癸巳歲，出師伐之，生禽萬奴，師至開元、恤品，東土悉平。開元之名，始見於此。乙未歲，立開元、南京二萬戶府，治黃龍府。至元四年，更遼東路總管府。二十三年，改爲開元路，領咸平府，後割咸平爲散府，俱隸遼東道宣慰司。至順錢糧戶數四千三百六十七。

咸平府，古朝鮮地，箕子所封，漢屬樂浪郡，後高麗侵有其地。唐滅高麗，置安東都護以統之，繼爲渤海大氏所據。遼平渤海，以其地多險隘，建城以居流民，號咸州安東軍，領縣曰咸平。金升咸平府，領平郭、安東、新興、慶雲、清安、歸仁六縣，兵亂皆廢。元初因之，隸開元路，後復割出，隸遼東宣慰司。

合蘭府水達達等路，土地曠闊，人民散居。元初設軍民萬戶府五，撫鎭北邊。一曰桃溫，距上都四千里。一曰胡里改，距上都四千二百里、大都三千八百里。有胡里改江幷混同江，又有合蘭河流入于海。一曰斡朶憐。一曰脫斡憐。一曰孛苦江。各有司存，分領混同江南北之地。其居民皆水達達、女直之人，各仍舊俗，無市井城郭，逐水草爲居，以射獵爲業。故設官牧民，隨俗而治，有合蘭府水達達等路，以相統攝焉。有俊禽曰海東青，由海外飛來，至奴兒干，土人羅之，以爲土貢。至順錢糧戶數二萬九百六。

河南江北等處行中書省，爲路十二、府七、州一，屬州三十四，屬縣一百八十二。本省陸站一百六處，水站九十處。

河南江北道肅政廉訪司。

汴梁路，上。唐置汴州總管府。石晉爲開封府。宋爲東京，建都於此。金改南京，宣宗南遷，都焉。金亡，歸附。舊領歸德府，延、許、裕、唐、陳、亳、鄧、汝、潁、徐、邳、嵩、宿、申、鄭、鈞、睢、蔡、息、盧氏行襄樊二十州。至元八年，令歸德自爲一府，割亳、徐、邳、宿四州隸之；升申州爲南陽府，割裕、唐、汝、鄧、嵩、盧氏行襄樊隸之。九年，廢延州，以所領延津、陽武二縣屬南京路，統蔡、息、鄭、鈞、許、陳、睢、潁八州，開封、祥符倚郭，而屬邑十有五。舊有警巡院，十四年改錄事司。二十五年，改南京路爲汴梁路。二十八年，以瀕河而南、大江以北，其地衝要，又新入版圖，置省南京以控治之。三十年，升蔡州爲汝寧府，屬行省，割息、潁二州以隸焉。本路戶三萬一十八，口一十八萬四千三百六十七。壬子年數。領司一、縣十七、州五。州領二十一縣。

錄事司。

縣十七

開封，下。倚郭。祥符，下。倚郭。中牟，下。原武，下。舊以此縣隸延州，元初隸開封府，後復爲延州，縣如舊。至元九年，州廢，復來屬。鄢陵，中。榮澤，下。舊隸鄭州，至元二年來屬。封丘，中。金大定中，河水湮沒，遷治新城。元初，新城又爲河水所壞，乃因故城遺址，稍加完葺而遷治焉。扶溝，下。陽武，下。舊隸延州，至元九年，州廢來屬。杞縣，中。元初河決，城之北面爲水所圮，遂爲大河之道，乃於故城北二里河水北岸，築新城置縣，繼又修故城，號南杞縣。蓋黃河至此分爲三，其大河流於二城之間，其一流於新城之北郭睢河中，其一在故城之南，東流，俗稱三叉口。延津，下。舊爲延州，隸河南路。至元九年，州廢，以縣來屬。蘭陽，下。通許，下。尉氏，下。太康，下。洧川，下。陳留。下。

州五

鄭州，下。唐初爲鄭州，又改榮陽郡。宋爲奉寧軍。金仍爲鄭州。元初領管城、榮陽、汜水、河陰、原武、新鄭、密、榮澤八縣及司候司，後割新鄭、密屬鈞州，榮澤、原武隸開封府，併司候司入管城。領四縣：

管城，下。倚郭。榮陽，下。汜水，下。河陰。下。

許州，下。唐初爲許州，後改潁川郡，又仍爲許州。宋升潁昌府。金改（武昌）〔昌武〕軍。〔五〕元初復爲許州。領五縣：

長社，下。長葛，下。郾城，下。襄城，下。臨潁。下。

陳州，下。唐初爲陳州，後改淮陽郡，又仍爲陳州。宋升懷德府。〔六〕金復爲陳州。元初因之。舊領宛丘、南頓、項城、商水、西華、清水六縣。至元二年，南頓、項城、清水皆廢，後復置南頓、項城。領五縣：

宛丘，西華，商水，至元二年，省南頓、項城入焉，後復置。南頓，項城。

鈞州，下。唐、宋皆不置郡，僞齊置潁順軍。金改〔潁〕順州，〔七〕又改鈞州。元至元二年，又割鄭州密縣來屬。領三縣：

陽翟，下。新鄭，下。密縣。下。

睢州，下。唐屬曹州。宋改拱州，又升保慶軍。金改睢州。元因之。領四縣：

襄邑，下。倚郭。考城，下。儀封，下。柘城。下。

河南府路，唐初爲洛州，後改河南府，又改東京。宋爲西京。金爲中京金昌府。元初爲河南府，府治卽周之王城。舊領洛陽、宜陽、永寧、登封、鞏、偃師、孟津、新安、澠池九縣，後割澠池隸陝州。戶九千五百二，口六萬五千七百五十一。壬子年數。領司一、縣八、州一。州領四縣。

錄事司。

縣八

洛陽，宜陽，下。永寧，下。登封，下。中嶽嵩山在焉。鞏縣，下。孟津，下。新安，偃師。下。

州一

陝州，下。唐初爲陝州，又改陝府，又改陝郡。宋爲保義軍。〔八〕元仍爲陝州。領四縣：陝縣，下。靈寶，下。至元三年，省入陝縣。八年，廢虢州爲虢略，隸陝州。併虢略治靈寶，以虢略爲巡檢司，併朱陽縣入焉。閿鄉，下。至元二年，省湖城縣入焉。澠池。下。金升爲韶州，置澠池司候司。元至元三年，省司候司。八年，省韶州，復爲縣，隸河南府路，後割以來屬。

南陽府，唐初爲宛州，而縣名南陽，後州廢，以縣屬鄧州。歷五代至宋皆爲縣。金升爲申州。元至元八年，升爲南陽府，以唐、鄧、裕、嵩、汝五州隸焉。二十五年，改屬汴梁路，後直隸行省。戶六百九十二，口四千八百九十三。壬子年數。領縣二、州五。州領十一縣。

縣二

南陽，下。倚郭。鎮平。下。

州五

鄧州，下。唐初爲鄧州，後改南陽郡，又仍爲鄧州。宋屬京西南路。金屬南京開封府。舊領穰縣、南陽、內鄉、淅川、順陽五縣。元初以淅川、順陽省入內鄉。舊設錄事司，至元二年併入穰縣。領三縣：

穰縣，下。倚郭。內鄉，下。至元二年，以順陽來屬。新野。下。

唐州，下。唐初爲顯州，後改唐州。宋屬京西南路。金改裕州。元初復爲唐州。至元三年，以民力不及，廢湖陽、比陽、桐柏三縣。領一縣：

泌陽。倚郭。

嵩州，下。唐爲陸渾、伊闕二縣。宋升順州。金改嵩州，領伊陽、福昌二縣。元初以福昌隸河南。至元三年，省伊陽入州。領一縣：

盧氏。下。至元二年，隸南京路。八年，屬南陽府。十一年來屬。

汝州，下。唐初爲伊州，又改汝州。宋屬京西北路。元至元三年，廢郟城、寶豐二縣入梁縣，後復置郟縣。領三縣：

梁縣，下。魯山，下。郟縣。下。

裕州，下。唐初置北澧州，又改魯州，後廢爲縣，屬唐州。金升爲裕州。舊領方城、舞陽、葉縣。元初卽葉縣行隨州事，就置昆陽縣爲屬邑。至元三年，罷州，併昆陽、舞陽二縣入葉縣，後復置舞陽。領三縣：

方城，下。倚郭。葉縣，下。舞陽。下。

汝寧府，唐蔡州。上蔡、西平、確山、遂平、平輿爲屬邑。至元七年，省遂平、平輿入汝陽，隸汴梁路。三十年，河南江北行省平章伯顏言：「蔡州去汴梁地遠，凡事稽誤，宜升散府。」

遂升汝寧府，直隸行省，以息、潁、信陽、光四州隸焉，復置遂平縣。抄籍戶口闕，至順錢糧戶數七千七十五。領縣五、州四。州領十縣。

縣五

汝陽，下。元初廢，後置蔡州治此，仍復置縣。上蔡，下。西平，下。確山，下。遂平。下。元初省入汝陽，後復置。

州四

潁州，下。唐初爲信州，後改汝陰郡，又改潁州。宋升順昌府。金復爲潁州。舊領汝陰、（泰）〔太〕和、〔九〕沈丘、潁上四縣。元至元二年，省四縣及錄事司入州。後復領三縣：

太和，下。沈丘，下。潁上。下。

息州，下。唐初爲息州，後爲新息縣，隸蔡州。五代至宋皆因之。金復置息州。舊領新息、新蔡、眞陽、褒信四縣。元中統三年，以李璮叛，廢州。四年，復置。至元三年，以四縣併入州。後復領二縣：

新蔡，下。眞陽。下。

光州，下。唐初爲光州，後改弋陽郡，又復爲光州。宋升光山軍。元至元十二年歸附，屬蘄黃宣慰司。二十三年，同蘄、黃等州，直隸行省。三十年，隸汝寧府。領三縣：

定城，固始，下。宋末兵亂，徙治無常。至元十二年復舊治。光山。下。兵亂地荒，至元十二年復立舊治。

信陽州，下。唐初爲申州，又改義陽郡。宋改信陽軍，端平間，兵亂地荒，凡四十餘年。元至元十四年，改立信陽府，領羅山、信陽二縣。十五年，改爲信陽州。二十年，以羅山縣當驛置要衝，徙州治此，而移縣治於西南，號曰羅山新縣，今州治卽舊縣。戶三千四百一十四，口二萬三千七百五十一。至元七年數。領二縣：

羅山，倚郭。信陽。

歸德府，唐宋州，又爲睢陽郡。後唐爲歸德軍。宋升南京。金爲歸德府。金亡，宋復取之。舊領宋城、寧陵、下邑、虞城、穀熟、碭山六縣。元初與亳之酇縣同時歸附，置京東行省，未幾罷。歲壬子，又立司府州縣官，以綏定新居之民。中統二年，審民戶多寡，定官吏員數。至元二年，以虞城、碭山二縣在枯黃河北，割屬濟寧府，又併穀熟入睢陽，酇縣入永州，降永州爲永城縣，與寧陵、下邑隸本府。八年，以宿、亳、徐、邳並隸焉。壤地平坦，數有河患。府爲散郡，設知府、治中、府判各一員，直隸行省。抄籍戶數闕，至順錢糧戶數二萬三千三百一十七。領縣四、州四。州領八縣。

縣四

睢陽，下。倚郭。唐曰宋城，亦曰睢陽。金曰睢陽。宋曰宋城。元仍曰睢陽。永城，下。下邑，下。寧陵。下。

州四

徐州，下。唐初爲徐州，又改彭城郡，又升武寧軍。宋因之。金屬山東西路。金亡，宋復之。元初歸附後，凡州縣視民多少設官吏。至元二年，例降爲下州。舊領彭城、蕭、永固三縣及錄事司，至是永固併入蕭縣，彭城幷錄事司併入州。領一縣：

蕭縣。下。至元二年，併入徐州，十二年復立。

宿州，中。唐置，宋升保靜軍，金置防禦使。金亡，宋復之。元初隸歸德府，領臨渙、蘄、靈璧、符離四縣幷司候司。至元二年，以四縣一司併入州。四年，以靈璧入泗州，十七年復來屬。領一縣：

靈璧。下。

邳州，下。唐初爲邳州，後廢屬泗州，又屬徐州。宋置淮陽軍。金復爲邳州。金亡，宋暫有之。元初以民少，併三縣入州。至元八年，以州屬歸德府。十二年，復置睢寧、宿遷兩縣，屬淮安。十五年，還來屬。領三縣：

下邳，下。州治所。宿遷，下。睢寧。下。

亳州，下。唐初爲亳州，後改譙郡，又仍爲亳州。宋升集慶軍。金復爲亳州。金亡，宋復之。元初領縣六：譙、酇、鹿邑、城父、衞眞、穀熟。後以民戶少，併城父入譙，衞眞入鹿邑，穀熟入睢陽，酇入永城，其睢陽、永城去隸歸德，後復置城父。領三縣：

譙縣，下。鹿邑，下。此邑數有水患，歷代民不寧居。城父。下。

襄陽路，唐初爲襄州，後改襄陽郡。宋爲襄陽府。元至元十年，兵破樊城，襄陽守臣呂文煥降，罷宋京西安撫司，立河南等路行中書省，更襄陽府爲散府，未幾罷省。十一年，改襄陽府爲總管府，又立荆湖等路行樞密院。十二年，立荆湖行中書省，後復罷。本府領四縣、一司，十九年割均、房二州，光化、棗陽二縣來屬。抄籍戶口數闕，至順錢糧戶數五千九十。領司一、縣六、州二。州領四縣。

錄事司。

縣六

襄陽，下。倚郭。南漳，下。宜城，下。穀城，下。光化，至元十三年南伐，明年設官置縣，屬南陽，十九年來屬。棗陽。至元十四年，屬南陽，十九年來屬。

州二

均州，下。唐初爲均州，又爲武當郡。宋爲武當軍。元至元十二年，江陵歸附，割隸湖北道宣慰司。十九年，還屬襄陽。領二縣：

武當，下。兵亂遷治無常，至元十四年復置。鄖縣。下。兵後僑治無常，至元十四年復置。

房州，下。唐初爲遷州，後爲房州，又改房陵郡。宋置保（寧）〔康〕軍。〔一〇〕德祐中，知州黄思賢納土，命千戶鎮守，仍令思賢領州事。至元十九年，隸襄陽路。領二縣：

房陵，下。竹山。下。

蘄州路，下。唐初爲蘄州，後改蘄春郡，又仍爲蘄州。宋爲防禦州。至元十二年，立淮西宣撫司。十四年，改總管府，設錄事司。戶三萬九千一百九十，口二十四萬九千三百二十一。自此以後至德安府，皆用至元二十七年數。領司一、縣五。

錄事司。

縣五

蘄春，中。倚郭。蘄水，中。廣濟，中。宋嘉熙兵亂，徙治大江中洲，歸附後復舊治。黄梅，中。嘉熙兵亂，僑治中洲，後復舊。羅田。下。兵亂縣廢，歸附後始立。

黄州路，下。唐初爲黄州，後改齊安郡，又仍爲黄州。宋爲團練軍州。元至元十二年歸附。十四年，立總管府。十八年，又爲黄蘄州宣慰司治所。二十三年，罷宣慰司，直隸行省。戶一萬四千八百七十八，口三萬六千八百七十九。領司一、縣三。

錄事司。

縣三

黄岡，中。州治所。黄陂，下。兵亂僑治（鄖）〔鄂〕州青山磯，〔一〕歸附還舊治。麻城。下。兵亂徙治什子山，歸附還舊治。

淮西江北道肅政廉訪司。

廬州路，上。唐改廬江郡，又仍爲廬州。宋爲淮〔南〕西路。〔二〕元至元十三年，設淮西總管府。明年，於本路立總管府，隸淮西道。二十八年，以六安軍爲縣來屬，後升六安縣爲州。戶三萬一千七百四十六，口二十二萬九千四百五十七。領司一、縣三、州三。州領八縣。

錄事司。

縣三

合肥，上。倚郭。梁縣，中。舒城。中。

州三

和州，中。唐改歷陽郡，後仍爲和州。宋隸淮南西（道）〔路〕。〔三〕元至元十三年，置鎮守萬戶府。明年，改立安撫司。又明年，升和州路。二十八年，降爲州，隸廬州路。舊設錄事司，後入州自治。領三縣：

歷陽，上。倚郭。含山，中。烏江。中。

無爲州，中。唐初隸光州。宋始以城口鎮置無爲軍，思與天下安於無事，取「無爲而治」之意以名之。元至元十四年，升爲路。二十八年，降爲州，罷(鎮)巢州爲縣以屬焉。[二四]領三縣：

無爲，上。倚郭。廬江，中。巢縣。下。

六安州，下。唐以霍山縣置霍州，後州廢仍爲縣。梁改灊山縣。宋改六安軍。元至元十二年歸附，二十八年降爲縣，隸廬州路，後升爲州。領二縣：

六安，中。英山。中。

安豐路，下。唐初爲壽州，後改壽春郡。宋爲壽春府，又以安豐縣爲安豐軍，繼遷安豐軍於壽春府。元至元十四年，改安豐路總管府。十五年，定爲散府，領壽春、安豐、霍丘三縣。二十八年，復升爲路，以臨濠府爲濠州，與下蔡、蒙城俱來屬。戶一萬七千九百九十二，口九萬七千六百一十一。領司一、縣五、州一。州領三縣。

錄事司。

縣五

壽春，中。倚郭。安豐，下。至元二十一年，江淮行省言：「安豐之芍陂可溉田萬頃，若立屯開耕，實爲便益。」從之。於安豐縣立萬戶府，屯戶一萬四千八百有奇。霍丘，下。下蔡，下。至元十三年，隸壽春府。二十八年罷府，與蒙城皆來屬。蒙城。下。

州一

濠州，下。唐初爲濠州，後改鍾離郡，又仍爲濠州。阻淮帶山，與壽陽俱爲淮南之險郡，名初從豪，後加水爲濠。南唐置定遠軍。宋爲團練州，初隸淮南路，後隸淮南西路。元至元十三年歸附，設濠州安撫司。十五年，定爲臨濠府。二十八年，復爲濠州，革懷遠爲下縣來屬。領三縣：

鍾離，下。倚郭。定遠，下。懷遠。下。宋爲懷遠軍，領荆山一縣。至元二十八年，以軍爲縣，隸濠州，省荆山入焉。

安慶路，下。唐初爲東安州，又改舒州，又改同安郡，又復爲舒州。宋爲安慶府。元至元十三年，立安撫司。十四年，改安慶路總管府，屬蘄黃宣慰司。二十三年，罷宣慰司，直隸行省。戶三萬五千一百六，口二十一萬九千四百九十。領司一、縣六。

錄事司。

縣六

懷寧，中。宿松，中。望江，下。太湖，中。桐城，中。灊山。至治三年初立。

淮東道宣慰使司。

江北淮東道肅政廉訪司。

揚州路，上。唐初改南兗州，又改邗州，又改廣陵郡，又復爲揚州。宋爲淮〔南〕東路。〔一三〕元至元十三年，初建大都督府，置江淮等處行中書省。十四年，改爲揚州路總管府。十五年，置淮東道宣慰司，本路屬焉。十九年，省宣慰司，以本路總管府直隸行省。二十一年，行省移杭州，復立淮東道宣慰司，止統本路幷淮安二郡，而本路領高郵府及眞、滁、通、泰、崇明五州。二十三年，行省復遷，宣慰司遂廢，所屬如故。後改立河南江北等處行中書省，移治汴梁路，復立淮東道宣慰司，割出高郵府爲散府，直隸宣慰司。戶二十四萬九千四百六十六，口一百四十七萬一千一百九十四。領司一、縣二、州五。州領九縣。

錄事司。

縣二

江都，上。倚郭。泰興。上。

州五

眞州，中。五代以前地屬揚州，宋以迎鑾鎭置建安軍，又升爲眞州。元至元十三年，初立眞州安撫司。十四年，改眞州路總管府。二十一年，復爲州，隸揚州路。領二縣：

揚子，上。倚郭。至元二十年，省錄事司入焉。六合。下。

滁州，下。唐初析揚州地置，又改永陽郡，又復爲滁州。元至元十五年，改滁州路總管府，二十年，仍爲州，隸揚州路。領三縣：

清流，中。至元十四年，省錄事司入焉。來安，下。全椒。中。

泰州，上。唐更海陵縣曰吳陵，置吳州，尋廢。南唐升泰州。元至元十四年，立泰州路總管府。二十一年，改爲州，隸揚州路。領二縣：

海陵，上。倚郭。如皐。上。

通州，中。唐屬揚州。南唐於海陵東境置靜海鎭。周平淮南，改爲通州。宋改靜海郡。元至元十五年，改通州路總管府。二十一年，復爲州，隸揚州路。領二縣：

靜海，上。倚郭。海門。中。

崇明州，下。本通州海濱之沙洲，宋建炎間有昇州句容縣姚、劉姓者，因避兵於沙上，其後稍有人居焉，遂稱姚劉沙。嘉定間置鹽場，屬淮東制司。元至元十四年，升爲崇明州。

淮安路，上。唐楚州，又改臨淮郡，又仍爲楚州。宋爲淮安州。元至元十三年，行淮東安撫司。十四年，改立總管府，領山陽、鹽城、淮安、淮陰、新城、淸河、桃園七縣，設錄事司。二十年，升爲淮安府路，併淮安、新城、淮陰三縣入山陽，兼領臨淮府、海寧、泗、安東四郡，其盱眙、天長、臨淮、虹、五河、贛榆、朐山、沭陽各歸所隸。二十七年，革臨淮府，以盱眙、天長隸泗州。戶九萬一千二十二，口五十四萬七千三百七十七。領司一、縣四、州三。州領八縣。至元二十三年，於本路之白水塘、黃家疃等處立洪澤屯田萬戶府。

錄事司。

縣四

山陽，上。至元十二年，安東州歸附，以本縣馬羅軍寨作山陽縣。十三年，淮安路歸附，仍存淮安縣。二十年，省淮安、新城入焉。鹽城，上。桃園，下。清河。下。本泗州之清河口，宋立清河軍，至元十五年爲縣。

州三

海寧州，下。唐海州。宋隸淮〔南〕東路。元至元十五年，升爲海州路總管府，復改爲海寧府，未幾降爲州，隸淮安路。初設錄事司，二十年，與東海縣併入朐山。領三縣：

朐山，中。沭陽，下。贛榆。下。

泗州，下。唐改臨淮郡，後復爲泗州。宋隸淮〔南〕東路。元至元十三年，降爲下州。舊領臨淮、淮平、虹、靈壁、睢寧五縣。十六年，割睢寧屬邳州。十七年，割靈壁入宿州，以五河縣來屬。二十一年，併淮平入臨淮。二十七年，廢臨淮府，以盱眙、天長二縣隸焉。領五縣：

臨淮，下。虹縣，下。五河，下。元隸臨淮府，十七年來屬。盱眙，上。宋(昭)〔招〕信軍。〔一六〕至元十三年，行招信軍安撫司事，領盱眙、天長、招信、五河四縣。明年，升(昭)〔招〕信路總管府。十五年，改爲臨淮府。十七年，以五河縣在淮之北，改屬泗州。二十年，併招信入盱眙。二十七年，廢臨淮府爲盱眙縣。天長。中。

安東州。下。

高郵府，唐爲縣。宋升爲軍。元至元十四年，升爲高郵路總管府，領錄事司及高郵、興化二縣。二十年，廢安宜府爲寶應縣來屬，又併錄事司，改高郵路爲府，屬揚州路。今隸宣慰司。抄籍戶口數闕，至順錢糧戶數五萬九十有八。領縣三：

高郵，上。興化，中。寶應。上。舊爲寶應軍，至元十六年改爲安宜府。二十年，廢府爲縣，來屬本府。

荆湖北道宣慰司。

山南江北道肅政廉訪司。

中興路，上。唐荆州，復爲江陵府。宋爲荆南府。元至元十三年，改上路總管府，設錄事司。天曆二年，以文宗潛藩，改爲中興路。戶一十七萬六百八十二，口五十九萬九千二百二十四。領司一、縣七。

錄事司。

縣七

江陵，上。公安，中。石首，中。松滋，中。枝江，下。潛江，中。監利。中。宋末兵亂民散，收附後始復舊。

峽州路，下。唐改夷陵郡，又爲峽州。宋隸荆湖北路，後徙治江南。元至元十三年歸附，十七年升爲峽州路。戶三萬七千二百九十一，口九萬三千九百四十七。領縣四：

夷陵，中。宋末隨州遷治不常，歸附後，復歸江北舊治。宜都，下。長陽，下。遠安。下。

安陸府，唐郢州，又改富水郡，又爲郢州。宋隸京西〔南〕路。〔一七〕元至元十三年歸附，十五年升爲安陸府。戶一萬四千六百六十五，口三萬三千五百五十四。領縣二：

長壽，中。京山。中。兵亂移治漢濱，至元十二年還舊治。

沔陽府，唐復州，又改竟陵郡，又爲復州。宋端平間，移州治于沔陽鎭。至元十二年歸附，改爲復州路，十五年升爲沔陽府。戶一萬七千七百六十六，口三萬九百五十五。領縣二：

玉沙，中。倚郭。景陵。中。兵亂徙治無常，歸附後還舊治。

荆門州，下。唐爲縣。宋升爲軍，端平間移治當陽縣。元至元十三年歸附，十四年升爲府，十五年遷府治于古城，降爲州。戶二萬九千四百七十一，口一十六萬五千四百三十五。領縣二：

長林，上。當陽。中。

德安府，唐安州，又改安陸郡，又仍爲安州。宋爲德安府，咸淳間徙治漢陽。元至元十三年還舊治，隸湖北道宣慰司。十八年罷宣慰司，直隸鄂州行省，爲散府，後割以來屬。戶一萬九百二十三，口三萬六千二百一十八。領縣四、州一。州領二縣。

縣四

安陸，下。孝感，下。應城，中。雲夢。下。

州一

隨州，下。唐初爲隨州，又改漢東郡，又復爲隨州。宋爲崇信軍，又爲棗陽軍，後因兵亂遷徙無常。元至元十二年歸附。十三年，卽黄仙洞爲州治。戶一萬五千九百六十六，口五萬二千六十四。領二縣：

隨縣，下。應山。下。

校勘記

〔一〕宜（風）〔豐〕　據遼史卷三八地理志、金史卷二四地理志改。

〔二〕（陽）〔湯〕池　據遼史卷三八地理志、金史卷二四地理志改。

〔三〕契丹爲興遼軍金爲昭德軍　按金史卷二四地理志，瀋州昭德軍刺史，中。遼太宗置軍曰興（遠）〔遼〕，後爲昭德軍。按「昭德軍」爲遼稱，此處「金」當誤。

〔四〕又以質子（淳）〔綧〕爲安撫高麗軍民總管　據本書卷一六六王綧傳改。

〔五〕金改(武昌)〔昌武〕軍　按金史卷二五地理志，許州，下，昌武軍節度使。據改正。考異已校。

〔六〕宋升懷德府　按宋史卷八五地理志，淮寧府，輔，淮陽郡鎮安軍節度，本陳州。金史卷二五地理志，陳州，下，防禦使。宋淮寧府淮陽郡鎮安軍。此處「懷德」應作「淮寧」。新編已校。

〔七〕金改〔潁〕順州　從道光本補。按金史卷二五地理志，鈞州，僞齊升爲潁順軍。大定二十二年升爲州，仍名潁順。

〔八〕宋爲保義軍　按宋史卷八七地理志，陝州，大都督府陝郡。太平興國初，改保平軍。金史卷二五地理志，陝州，下，防禦。宋陝郡保平軍節度。此處「義」當作「平」。考異已校。

〔九〕(泰)〔太〕和　見卷五〇校勘記〔一一〕。按下文卽作「太和」。

〔一〇〕宋置保(寧)〔康〕軍　從道光本改。按宋史卷八五地理志，房州，下，房陵郡，保康軍節度。元一統志，宋太宗雍熙三年十一月癸丑，置保康軍於房州。

〔一一〕兵亂僑治(鄖)〔鄂〕州青山磯　按本書卷一二八阿朮傳有「循岸西上，對青山磯止泊」，「宋將程鵬飛來拒，大戰中流，鵬飛敗走」，「追擊至鄂東門而還」。青山磯在鄂州，與鄖州無涉。「鄖」誤，今改。新編已校。

〔一二〕宋爲淮〔南〕西路　按宋史卷八八地理志，淮南西路，府，壽春。州七，廬、蘄、和、舒、濠、光、黃。寰宇通志卷一七，廬州路，宋分淮南爲兩路，廬州爲西路。據補。

〔一三〕宋隸淮南西〔道〕〔路〕　按宋史卷八八地理志，淮南西路州七，有和州。據改。考異已校。

〔一四〕罷〔鎮〕巢州爲縣以屬焉　按本書卷一四世祖紀，至元二十三年二月，降鎮巢府爲巢州。又卷一六世祖紀，至元二十八年正月，降巢州爲縣入無爲。據改。本證已校。

〔一五〕宋爲淮〔南〕東路　按宋史卷八八地理志，淮南東路，州十，揚、亳、宿、楚、海、泰、泗、滁、眞、通。據補。新編已校。下同。

〔一六〕宋〔昭〕〔招〕信軍　據下文及宋史卷八八地理志改。下同。

〔一七〕宋隸京西〔南〕路　按宋史卷八五地理志，京西南路，州七，鄧、隨、金、房、均、郢、唐。據補。

元史卷六十

志第十二

地理三

陝西諸道行御史臺。

陝西等處行中書省，爲路四、府五、州二十七，屬州十二，屬縣八十八。本省陸站八十處，水站一處。

奉元路，上。唐初爲雍州，後改關內道，〔一〕又改京兆府，又以京城爲西京，又曰中京，又改上都。宋分陝西〔永興〕、秦鳳、熙河、涇原、環慶、鄜延爲六路。〔二〕金併陝西爲四路。元中統三年，立陝西四川行省，治京兆。至元初，併雲陽縣入涇陽，櫟陽縣入臨潼，終南縣入盩厔。十六年，改京兆爲安西路總管府。二十三年，四川置行省，改此省爲陝西等處行中書省。大德元年，移雲南行臺於此，爲陝西行臺。皇慶元年，改安西爲奉元路。戶三萬三千九百三十五，口二十七萬一千三百九十九。壬子年數。領司一、縣十一、州五。州領十五縣。

錄事司。

縣十一

咸寧，下。長安，下。咸陽，下。興平，下。臨潼，下。屯田一千二十頃有奇。藍田，下。涇陽，下。至元二年，併入高陵縣。三年復立。屯田一千二十頃有奇。高陵，下。鄠縣，下。盩厔，下。屯田九百四十三頃有奇。郿縣。下。舊爲郿州，添置柿林縣。至元元年，省郿州爲郿縣，廢柿林。

州五

同州，下。唐初爲同州，又改馮翊郡，又復爲同州。宋爲定國軍。金因之。元仍爲同州。領五縣：

朝邑，下。白水，下。郃陽，下。澄城，下。韓城。下。唐、宋爲（郃）〔韓〕城縣，〔三〕金曰（禎）〔楨〕州。〔四〕至元元年，州廢。二年再立。六年，州又廢，止設縣。

華州，下。唐改鎮國軍。宋改鎮潼軍。金改金安軍。元復爲華州。西嶽華山在焉。領三縣：

華陰，下。蒲城，下。渭南。下。屯田一千二百二十二頃有奇。

耀州，下。唐初立宜州，後爲華原縣，後又爲耀州。宋爲感義軍，又改感德軍，又爲耀州如故。金因之。元至元元年，併華原縣入州，又併美原入富平。領三縣：

三原，下。富平，下。同官。下。

乾州，下。唐以高宗乾陵所在，改醴泉縣爲奉天，又升爲乾州。宋改醴州。金復改乾州。元至元元年，併奉天縣入州。五年，復置奉天，省好畤入焉，又割永壽來屬，後又改奉天爲醴泉。領三縣：

醴泉，下。武功，下。永壽。下。宋、金屬邠州。至元十五年，徙縣治于麻亭。

商州，下。唐初爲商州，又改上洛郡，又復爲商州。宋及元皆因之。領一縣：

洛南。下。

延安路，下。唐初爲延州，又改延安郡，又爲延州。宋爲延安府。金爲鄜延路。元改延安路。戶六千五百三十九，口九萬四千六百四十一。壬子年數。領縣八、州三。州領八縣。本路屯田四百八十餘頃。

縣八

膚施，下。甘泉，下。宜川，下。元初置司候司。至元六年，省入宜川。延長，下。延川，下。安定，下。本宋舊堡，元壬子年升爲安定縣。至元元年，析置丹頭縣。四年，併丹頭入本縣。安塞，下。本金舊堡，壬子年升爲縣。保安。下。金爲保安州，至元六年，降爲縣。

州三

鄜州，下。唐初爲鄜州，又改洛交郡，又復爲鄜州。宋、金因之。舊領洛交、洛川、鄜城、直羅四縣。元至元四年，併鄜城入洛川，又併洛交、直羅入州。六年，廢坊州，以中部、宜君二縣來屬。領三縣：

洛川，下。中部，下。宜君。下。

綏德州，下。唐綏州，又改上郡，又爲綏州。宋爲綏德軍。金爲州，領八縣。歸附後，併嗣武入米脂，綏平入懷寧。至元四年，併定戎入米脂，懷寧入青澗，又併義合、綏德入本州。領二縣：

青澗，下。米脂。下。

葭州，下。唐銀州。宋爲晉寧軍。金改爲葭州。元至元六年，併通秦、彌川、葭蘆入州，併太和入神木，建寧入府谷。領三縣：

神木，下。元初創立雲州於古麟州之神木寨。至元六年，廢州爲縣。吳堡，下。府谷。下。後唐爲府州。元初建州治。至元六年，廢爲縣。

興元路，下。唐爲梁州，又改漢中郡，又爲興元府。宋仍舊名。元立興元路總管府，久之，以鳳、金、洋三州隸焉。宋時領南鄭、西縣、褒城、廉水、城固五縣，後廢廉水入南鄭。元初割出西縣屬沔州，以洋州西鄉縣來屬。戶二千一百四十九，口一萬九千三百七十八。至元二十七年數。領縣四、州三。

縣四

南鄭，下。城固，下。褒城，下。西鄉。下。

州三

鳳州，下。唐初爲鳳州，後升節度府。宋爲團練州。至元五年，以在郭梁泉縣併入州，隸興元路。

洋州，下。唐改洋(州)〔川〕郡，〔五〕又復爲洋州，後更革不常。宋復爲洋州。元至元二年，省興道、眞符二縣入州。

金州，下。唐改西城郡爲金州。宋升爲金房開達四州路。元爲散州。

陝西漢中道肅政廉訪司。

鳳翔府，唐爲扶風郡，又爲鳳翔府，號西京。宋、金因其名。元初割平涼府、秦、隴、德順、西寧、鎭(寧)〔原〕州隸鞏昌路，〔六〕廢恒州，以所領盩厔縣隸安西府路，尋立鳳翔路總管府。至元九年，更爲散府。戶二千八百十一，口一萬四千九百八。壬子年數。領縣五：

鳳翔，下。屯田九十頃有奇。扶風，下。岐山，下。寶雞，下。麟游。下。

邠州，下。唐豳州，以字類幽，改為邠。宋、金以來皆因之。領縣二：

新平，下。淳化。下。至元七年，併三水入本縣。

涇州，下。唐改安定郡，後仍為涇州。宋改彰化軍。舊領保定、長武、靈臺、良原四縣。金改保定縣為涇(州)〔川〕。〔七〕元初以隸都元帥府，立總司轄邠州，後屬鞏昌都總帥府，或隸平涼府、陝西省，所隸不一，今直隸省。領縣二：

涇川，下。涇州治此，即保定。靈臺。下。至元七年，併歸涇川。十一年復立，以良原併入，而長武仍併於涇(州)〔川〕。

開成州，下。唐原州。宋為鎮戎軍。金升鎮戎州。元初仍為原州。至元十年，皇子安西王分治秦、蜀，遂立開成府，仍視上都，號為上路。至治三年，降為州。領縣一、州一。

縣一

開成。

州一

廣安州。本鎮戎地，金升為縣，隸鎮戎州，經亂荒廢。元至元十年，安西王封守西土，既立開成路，遂改為廣安縣，募民居止，未幾戶口繁夥。十五年升為州，仍隸本路。

莊浪州。下。沿革闕。成宗大德八年二月，降莊浪路為州。

鞏昌等處總帥府。

鞏昌府，唐初置渭州，後曰隴西郡，尋陷入吐蕃。宋復得其地，置鞏州。金爲鞏昌府。元初改鞏昌路便宜都總帥府，統鞏昌、平涼、臨洮、慶陽、隆慶五府及秦、隴、會、環、金、德順、徽、金洋、安西、河、洮、岷、利、巴、沔、龍、大安、褒、涇、邠、寧、定西、鎮原、階、成、西和、蘭二十七州，又於成州行金洋州事。至元五年，割安西州屬脫思麻路總管府。六年，以河州屬吐蕃宣慰司都元帥府。七年，倂洮州入安西州。八年，割岷州屬脫思麻路。十三年，立鞏昌路總管府。十四年，復行便宜都總帥府事，其年割隆慶府，利、巴、大安、褒、沔、龍等州隸廣元路。二十一年，又以涇、邠二州隸陝西漢中道宣慰司，而帥府所統者，鞏昌、平涼、臨洮、慶陽，府凡四；秦、隴、寧、定西、鎮原、階、成、西和、蘭、會、環、金、德順、徽、金洋，州凡十有五。戶四萬五千一百三十五，口三十六萬九千二百七十二。壬子年數。領司一、縣五。

錄事司。

縣五

隴西，下。寧遠，下。伏羌，下。本舊寨，至元十三年升縣。通渭，下。鄣縣。下。宋名鹽川寨，金爲鎮，至元十七年，置今縣。

平涼府，唐爲馬監，隸原州。宋爲涇原路，升平涼軍。金立平涼府。元初倂潘原縣入平涼，化平入華亭，隸鞏昌帥府。領縣三：

平涼，下。屯田一百一十五頃。崇信，下。華亭。下。

臨洮府，唐臨洮軍。宋爲鎮洮軍，又爲熙州。金爲臨洮府。元至元十三年，復以渭源堡升爲縣。領縣二：

狄道，下。渭源。下。

慶陽府，唐慶州。宋環慶路，改慶陽軍，又升府。金爲慶（源）〔原〕路。〔八〕元初改爲慶陽散府，至元七年，併安化、彭原入焉。領縣一：

合水。下。

秦州，中。唐初爲秦州。宋爲天水郡。金爲秦州。舊領六縣。元至元七年，併雞川、隴城入秦安，治坊入清水。領縣三：

成紀，中。清水，中。秦安。下。

隴州，中。唐改汧陽郡，復爲隴州。宋、金置防禦使。舊領四縣。元至元七年，省吳山、隴安入汧源。十三年，罷防禦使爲散郡。有吳山爲西鎭。領縣二：

汧源，中。汧陽。下。

寧州，下。唐初改北地郡爲寧州。宋、金因之。元至元七年，併襄樂、安定、定平入州。領縣一：

眞寧。下。

定西州，下。本唐渭州西市，五代淪于先零。宋置定西城。金改定西縣，復升爲州，仍置安西縣，倚郭，通西二寨，並置縣來屬。〔九〕元至元三年，併三縣入本州。屯田四百六十七頃。

鎭原州，下。唐原州，又爲平涼郡。宋、金因之。元改鎭原州，以鎭戎州之東山、三川二縣來屬。至元七年，例併州縣，遂以臨涇、彭陽及東山、三川四縣入本州。屯田四百二十六頃有奇。

西和州，下。唐岷州，又改和政郡，又仍爲岷州。宋改曰西和。舊領縣三，大潭、祐川軍興久廢，惟有長道一縣，元至元七年，亦併入本州。

環州，下。唐改威州。宋復爲環州，後與慶州定爲環慶路。金隸慶陽府。元初爲散郡。舊領通遠一縣，元至元七年併入本州。

金州，下。本蘭州龕谷寨，金升寨爲縣，以龕谷爲金州治所。元至元七年，併縣入州。

靜寧州，下。宋慶曆中，以渭州隴干城置德順軍，復置隴干縣。金升爲州。元初併治平、（永）〔水〕洛入隴干，〔一〇〕後復省隴干，改爲靜寧州。領縣一：

隆德。下。

蘭州，下。唐初置，後改金城郡，又仍爲蘭州。宋、金因之。元初領阿干一縣及司候司，至元七年併司縣入本州。

會州，下。唐初改西會州，又爲（粟）〔栗〕州，〔二〕又爲會寧郡，又爲會州。宋置敷川縣。金置（寶）〔保〕川縣，〔三〕陷于河西，僑治州西南百里會川城，名新會州。元初棄新會州，遷於所隸西寧縣。至元七年，併縣入州。

徽州，下。元兵入蜀，鳳州二縣首降，以鳳州仍治梁泉，別置南鳳州治于河池。後又升永寧鄉爲縣，與兩當同爲屬邑。至元元年，改爲徽州。七年，併河池、永寧二縣入州。領縣一：

兩當。下。

階州，下。唐初置武州，又改武都郡，又更名階州。宋因之。今州治在柳樹城，距舊城東八十里。舊領福津、將利二縣，至元七年併入本州。

成州，下。唐初爲成州，又改同谷郡，後仍爲成州。宋因之。舊領同谷、栗亭二縣。元初歲壬寅，以田世顯挈成都府歸附，令遷於栗亭，行栗亭管民司事，不隸成州，割天水縣來屬。至元七年，併同谷、天水二縣入州。

金洋州，本隸興元路，戊戌歲，有雷、李二將挈民戶歸附，令遷至成州，自行金洋州事。

土蕃等處宣慰司都元帥府。至元九年，於土蕃西〔川〕界立寧河站。〔一三〕

河州路。下。領縣三：

定羌，下。寧河，下。安鄉。下。

雅州。下。憲宗戊午歲，攻破雅州，石泉守將趙順以城降。領縣五：

(石)〔名〕山，〔一四〕下。 盧山，下。 百丈，下。 榮經，下。 嚴道。下。

黎州。下。至元十八年，給黎、雅州民千一百五十四戶鈔二千三百八錠，以資牛具種實。領縣一：

漢源。下。

洮州。下。領縣一：

可當。下。

貴德州。下。

茂州。下。領縣二：

(文)〔汶〕山，〔一五〕下。 汶川。下。

脫思麻路。

岷州。下。

鐵州。下。

碉門魚通黎雅長河西寧〔遠〕等處宣撫司。〔一六〕至元二年，授雅州碉門安撫使高保四虎符，高保四言：「碉門舊有城邑，中統初爲宋人所廢，來依山爲柵，去碉門半舍，欲復戍故城，便於守佃。」敕秦蜀行省：「彼中緩急，卿等相度，須得其宜，城如可復，當助成之。」三年，論四川行樞密院，遣人於碉門、岩州西南沿邊，丁寧告諭官吏軍民，有願來歸者，方便接納，用意存恤，百姓貧者賑之，願徙近裏城邑者以屋舍給之。

禮店文州蒙古漢兒軍民元帥府。自河州以下至此多闕，其餘如朶甘思、烏思藏、積石州之類尙多，載籍疏略，莫能詳錄也。

四川等處行中書省，爲路九、府三，屬府二，屬州三十六，軍一，屬縣八十一。蠻夷種落，不在其數。本省陸站四十八處，水站八十四處。鹽場十二處，俱鹽井所出。井凡九十五眼，在成都、夔府、重慶、敍南、嘉定、順慶、廣元、潼川、紹慶等路所管州縣萬山之間。

西蜀四川道〔肅政〕廉訪司。〔一七〕

成都路，上。唐改蜀郡爲益州，又改成都府。宋爲益州路，又爲成都府路。元初撫定，立總管府，設錄事司。至元十三年，領成都、嘉定、崇慶三府，眉、邛、隆、黎、雅、威、茂、簡、漢、彭、綿十一州，後嘉定自爲一路，以眉、雅、黎、邛隸之。二十年，又割黎、雅屬吐蕃招討司，降崇慶爲州，隆州併入仁壽縣，隸本府。戶三萬二千九百一十二，口二十一萬五千八百八十八。至元二十七年數。領司一、縣九、州七。州領十一縣。

錄事司。

縣九

成都，下。唐、宋為成都府治所。至元十三年，以本縣元管大城內西北隅併入錄事司。華陽，下。新都，下。郫縣，下。溫江，下。雙流，下。新繁，下。仁壽，下。唐為陵州。宋為隆州。元至元二十年，以此州地荒民散，併為仁壽縣，隸成都府路。金堂。下。宋屬懷安軍。元初升為懷州，而縣屬如故。至元二十年，併州入金堂縣，隸成都府路。

州七

彭州，下。唐置濛州，又為彭州。宋及元因之。領二縣：

濛陽，下。崇寧。下。

漢州，下。唐為德陽郡，又為漢州。自唐至宋，苦於兵革，民不聊生。元中統元年，復立漢州。領三縣：

什邡，下。德陽，下。至元八年，升為德州。十三年，仍為縣，隸成都路。十八年，復來屬。綿竹。下。至元十三年，以戶少併入州，後復置。

安州，下。唐置石泉縣。宋升為軍。元中統五年，升為安州。領一縣：

石泉。下。

灌州，下。唐導江縣。五代為灌州。宋為永康軍，後廢為灌口寨。元初復立灌州。至元十三年，以導江、青城二縣戶少，省入州。青城陶壩立屯田萬戶府。

崇慶州，下。唐爲唐安郡，又爲蜀州。宋爲崇慶軍。元至元十二年，立總管府。二十年，改爲崇慶州，併江原縣入州。本州有屯田萬戶府。領二縣：

晉原，下。新津。下。

威州，下。唐維州。宋改威州，領保寧、通化二縣。元至元十九年，併保寧入州。領一縣：

通化。下。

簡州，下。唐析益州置。宋因之。元至元二十年，併附郭陽安縣入州。二十二年，併成都府所屬靈泉縣來隸。而本州有平泉，以地荒，竟廢之。

嘉定府路，下。唐初爲嘉州，又改犍爲郡，又仍爲嘉州。宋升嘉定府。元至元十三年，立總管府。舊領龍游、夾江、峨眉、犍爲、洪雅五縣。二十年，併洪雅入夾江。領司一、縣四、州二。州領三縣。戶口數闕。

錄事司。

縣四

龍游，下。夾江，下。峨眉，下。犍爲。下。

州二

眉州，下。唐改嘉州，又仍爲眉州。元至元十四年，隸嘉定路。領二縣：

彭山，下。青神。下。

邛州，唐初置邛州，又改臨邛郡，又仍爲邛州。元至元十四年，立安撫司，兼行州事。二十一年，併臨邛、依政、蒲江三縣入州。領一縣：

大邑。下。

廣元路，下。唐初爲利州，又改益昌郡，又復爲利州。宋爲利州路，端平後兵亂無寧歲，地荒民散者十有七年。元憲宗三年，立利州治，設都元帥府。至元十四年，罷帥府，改爲廣元路。戶一萬六千四百四十二，口九萬六千四百六。至元二十七年數。領縣二、府一、州四。府領三縣，州領七縣。本路屯田九頃有奇。

縣二

綿谷，下。昭化。下。元初併葭萌入焉。

府一

保寧府，下。唐隆州，又改閬州，又爲閬中郡。後唐爲保寧軍。元初立東川路元帥府。至元十三年，升保寧府。二十年，罷元帥府，改保寧路。初領新得、小寧二州，後併入閬中縣，又併奉國入蒼溪縣，新井、新政、西水總入南部縣，仍改爲府，隸廣元路。本府屯田一百一十八頃有奇。領三縣：

閬中，下。倚郭。蒼溪，下。南部。下。

州四

劍州，下。唐爲始州，後改劍州。宋升普安軍，又爲隆慶府。元至元二十年，改劍州。領二縣：

普安，下。至元二十年，併普城、劍門入焉。梓潼。下。

龍州，下。唐初爲龍門郡，又改龍州，又改江油郡，又改應靈郡。宋改政州，繼復舊。元憲宗歲戊午，宋守將王知府以城降。至元二十二年，併江油、淸川二縣入焉。

巴州，下。唐初改巴州，又改淸化郡，又爲巴州。宋領化城、難江、恩陽、曾口、上通江、下通江六縣。元至元二十年，併(南)〔難〕江、恩陽二縣入化城，〔八〕上、下通江二縣入曾口。領二縣：

化城，下。曾口。下。

沔州，下。唐初爲興州，又爲順政郡，又改興州。宋改沔州。元至元十四年，隸廣元路。二十年，廢褒州，止設鐸水縣，遷沔州而治焉。領三縣：

鐸水，下。倚郭。大安，下。本大安州，至元二十年，降爲縣以來屬。略陽。下。至元二十年，併長舉及西縣入焉。

順慶路，下。唐爲南充郡，又改（梁）〔果〕州，〔一九〕又改充州。宋升順慶府。元中統元年，立征南都元帥府。至元四年，置東川路統軍司，後改東川府。十五年，復爲順慶。二十年，升爲路，設錄事司。戶二千八百二十一，口九萬五千一百五十六。至元二十七年數。領司一、縣二、府一、州二。府領二縣，州領五縣。

錄事司

縣二

南充，下。至元二十年，併漢初入焉。西充。下。至元二十年，併流溪舊縣入焉。

府一

廣安府，唐屬宕渠、巴西、洛陵三郡。宋置廣安軍，又改寧西軍。元至元十五年，廢寧西軍。二十年，升爲廣安府。舊領渠江、岳池、和溪、新明四縣，後併和溪、新明入岳池。領二縣：

渠江，下。倚郭。岳池。下。

州二

蓬州，下。唐改蓬（州）〔山〕郡，〔二〇〕又仍爲蓬州。元初立宣撫都元帥府，後罷。至元二十年，立蓬州路總管府，後復爲蓬州。領三縣：

相如，下。至元二十年，以金城寨入焉。營山，下。至元二十年，併良山入焉。儀隴。下。至元二十年，併蓬池、伏虞入焉。

渠州，下。唐初爲渠州，又改潾山郡，又爲渠州。宋屬潼川府。元至元十一年，立渠州安撫司。二十年，罷安撫司，以渠州爲散郡。領二縣：

流江，下。大竹。下。至元二十年，併鄰山、鄰水入焉。

潼川府，唐梓州，又改梓潼郡，又爲梓州。宋改靜戎軍，又改（安靜）〔靜安〕軍，〔三〕又升潼川府。兵後地荒，元初復立府治。至元二十年，併涪城及錄事司入郪縣，通泉入射洪，東關入鹽亭，銅山入中江。領縣四、州二。戶口闕。

縣四

郪縣，下。倚郭。中江，下。射洪，下。鹽亭。下。

州二

遂寧州，下。唐遂州，又改遂寧郡。宋爲遂寧府。元初因之。至元十九年，併遂寧、青石二縣入小溪，長江入蓬溪，後復改爲州。領二縣：

小溪，下。蓬溪。下。

綿州，下。唐更改不常。元初隸成都路。元至元二十年，併魏城入本州，改隸潼川路。領二縣：

彰明，下。羅江。下。

永寧路。下。闕。領州一。

筠連州。下。闕。至元十七年，樞密院言：「四川行省參政行諸蠻夷部宣慰司昝順言，先是奉旨以高州、筠連州騰川縣隸安撫郭漢傑立站，今漢傑已併蠻洞五十六。有旨昝順所陳，卿等與中書議，臣等以為宜遣使行視之。」帝曰：「此五十六洞如舊隸高州、筠連，則與郭漢傑立站，否則還之昝順。」領一縣：

騰川。下。

四川南道宣慰司。至元十六年立。

重慶路，上。唐渝州。宋更名恭州，又升重慶府。元至元十六年，立重慶路總管府。二十一年，升為上路，割忠、涪二州為屬郡。二十二年，又割瀘、合來屬，省壁山入巴縣，廢南平軍入南川縣為屬邑，置錄事司。戶二萬二千三百九十五，口九萬三千五百三十五。至元二十七年數。領司一、縣三、州四。州領十縣。本路三堆、中嶆、趙市等處屯田四百二十頃。

錄事司。

縣三

巴縣，下。倚郭。江津，下。至元十六年，賜四川行省參政昝順田民百八十戶於江津縣。南川。下。

州四

瀘州，下。唐改瀘川郡爲瀘州。宋爲瀘川軍。元至元二十年，併瀘川縣入焉。二十二年，隸重慶路。領三縣：

江安，下。納溪，下。合江。下。

忠州，下。唐改爲南賓郡，又爲忠州。宋升咸淳府。元仍爲忠州。領三縣：

臨江，下。南賓，下。豐都。下。

合州，下。唐爲合州，又改巴川郡，又仍爲合州。宋因之。元至元十五年，宋安撫使王立以城降。二十年，爲散郡，併錄事司、赤水入石照縣。二十二年，改爲州，隸重慶路。領三縣：

銅梁，下。元初併巴川入焉。定遠，下。本宋地，名女菁平。元至元四年，便宜都總帥部兵創爲武勝軍，後爲定遠州。二十四年，降爲縣。石照。下。

涪州，下。唐改爲涪陵郡，又改涪州。宋因之。元至元二十年，併涪陵、樂溫二縣入焉。領一縣：

武龍。下。

紹慶府，下。唐黔州，又黔中郡。宋升爲紹慶府。元至元二十年，仍置府。戶三千九百四十四，口一萬五千一百八十九。至元二十七年數。領縣二：

彭水，下。黔江。下。

懷德府。領州四。闕。

來寧州，下。柔遠州，下。酉陽州，下。服州。下。皆闕。

夔路，下。唐初爲信州，又爲夔州，又爲雲安郡，又仍爲夔州。宋升爲帥府。元至元十五年，立夔州路總管府，以施、雲安、萬、大寧四州隸焉。二十二年，又以開、達、梁山三州來屬。戶二萬二十四，口九萬九千五百九十八。至元二十七年數。領司一、縣二、州七。州領五縣。本路屯田五十六頃。

錄事司。

縣二

奉節，下。巫山。下。

州七

施州，下。唐改清江郡，又改清化郡，又復爲施州。宋因之。舊領清江、建始二縣。元至元二十二年，併清江入州。領一縣：

建始。下。

達州，下。唐爲通州，又改通川郡，又仍爲通州。宋更名達州。元至元十五年，隸四川東道宣慰司。二十二年，改隸夔路。領二縣：

通川，下。新寧。下。

梁山州，下。本梁山縣，宋升梁山軍。元至元二十年，升爲州。領一縣：

梁山。下。

萬州，下。唐改浦州爲萬(川)〔州〕，〔二〕又改南浦郡。宋爲浦州。〔三〕元至元二十年，以南浦爲萬州。領一縣：

武寧。

雲陽州，下。唐雲安監。宋置安義縣，後復爲監。元至元十五年，立雲安軍。二十年，升雲陽州，併雲陽縣入焉。

大寧州，下。舊大昌縣，宋置監。元至元二十年，升爲州，併大昌縣入焉。

開州，下。唐改爲盛山郡，又復爲開州。宋及元皆因之。

敍南等處蠻夷宣撫司。

敍州路，古僰國，唐戎州。貞觀初徙治僰道，在蜀江之西三江口。宋升爲上州，屬東川路，後易名敍州，咸淳中城登高山爲治所。元至元十二年，郭漢傑挈城歸附。十三年，立安撫司。未幾，毀山城，復徙治三江口，罷安撫司，立敍州。十八年，復升爲路，隸諸部蠻夷宣撫司。領縣四、州二。

縣四

宜賓，下。慶符，下。南溪，下。宣化。下。元貞二年，於本縣置萬戶府，領軍屯田四十餘頃。

州二

富順州，下。唐富義縣。宋富義監，後改富順縣。元至元十二年，改立富順監安撫司。二十年，罷安撫司，升富順州。

高州，下。古夜郎之屬境，隣烏蠻，與長寧軍地相接，均爲西南羌族，前代以爲化外，置而不論。唐開拓邊地，於本部立高州。宋設長寧軍，十州族姓俱效順。元至元十五年，雲南行省遣官招諭內附。十七年，知州郭安復行州事，蠻人散居村囤，無縣邑鄉鎮。

馬湖路，下。古牂柯屬地，漢、唐以下名馬湖部。宋時蠻主屯湖內。元至元十三年內附後，立總管府，遷於夷部溪口，瀕馬湖之南岸創府治。其民散居山箐，無縣邑鄉鎮。領軍一、州一。初，馬湖蠻來朝，嘗以獨本葱爲獻，由是歲至，郡縣疲於遞送，元貞二年敕罷之。

軍一

長寧軍，唐置長寧等羈縻十四州、五十六縣，并隸瀘州都督府。宋以長寧地當衝要，升爲長寧軍，立安寧縣。至元十二年，郡守黃立挈城效順。二十二年，設錄事司，後與安寧縣俱省入本軍。

州一

戎州，下。本夜郎國西南蠻種，號大壩都掌，分族十有九，前代以化外，置而弗論。唐武后時，恢拓蠻徼，設十四州、五團、二十九縣，於本部置晏州。至元十三年，以昝順爲蠻夷部宣撫司，遣官招諭。十七年，本部官得蘭紐來見，授以大壩都總管。二十二年，升爲戎州。叛服不常，州治在箐前。所領俱村囤，無縣邑鄉鎮。

上羅計長官司，領蠻地羅計、羅星，乃古夜郎境，爲西南種族，前代置之化外。宋設長寧軍，十州族姓俱效順，各命之官。其後分姓他居，遂有上、下羅計之分，蓋亦如唐羈縻之，以爲西蜀後戶屏蔽。至元十三年，蠻夷部宣撫昝順引本部夷酋得賴阿當歸順。十五年，授得賴阿當千戶。十八年，黎州同知李奇以武略將軍來充羅星長官。二十二年，夷人叛，誘誅上羅星夷，行樞密院討平之。其民人散居村箐，無縣邑鄉鎮。

下羅計長官司，領蠻地。其境近烏蠻，與敍州、長寧軍相接，均爲西南夷族，與上羅計同。至元十二年，長寧知軍率先內附。十三年，昝順引本部夷酋得顏箇詣行樞密院降，奏充下羅計蠻夷千戶。二十二年，諸蠻皆叛，惟本部無異志。

四十六囤蠻夷千戶所，領豖蛾夷地，在（夢）〔慶〕符向南抵定川，〔二四〕古夜郎之屬，唐羈縻定州之支江縣也。至元十三年收附，於慶符縣僑置千戶所，領四十六囤：

黃水口上下落骨，山落牟許滿吳，㱣落財，㱣落賢，騰息奴，屯莫面，落播，㱣落梅，㱣得幸，上落松，㱣得會，㱣得惡，落魂，落昧下村，落島，㱣得享，落燕，落得慮，㱣得了，㱣騰斛，許宿，㱣九色，落播屯右，㱣得晏，落能，山落寡，水落寡，落得擂，㱣得具，㱣得淵，騰日影，落昧上村，賴扇，許焰，騰郎，周頭，賣落炎，落女，愛答落，愛答速，㱣得奸，阿郎頭，下得辛，上得辛，愛得婁，落鷗。

諸部蠻夷：

秦加大散等洞。以下各設蠻夷官。

斜崖冒朱等洞。

隴堤紂皮等洞。

石耶洞。

散毛洞。

彭家洞。

黑土石等處。

市備洞。

樂化兀都剌布白享羅等處。

洪望册德等族。

大江九姓羅氏。

水西。

鹿朝。

阿永蠻部。至元二十一年，酋長阿泥入覲，自言阿永隣境烏蒙等蠻悉隸皇太子位，願依例附屬。詔從其請，以阿永蠻隸宮府。

師壁洞安(宣)撫司。〔二五〕

永順等處軍民安撫司。

阿者洞。以下各設蠻夷官。

謝甲洞。

上安下壩。

阿渠洞。

下役洞。

驢虛洞。

錢滿等處。

水洞下曲等寨。

必藏等處。

酌宜等處。

雍邦等寨。

崖筍等寨。

冒朱洞。

麻峽柘歌等寨。

新附鬼羅金井。

沙溪等處。

宙窄洞。

新容米洞。

甘肅等處行中書省，爲路七、州二，屬州五。本省馬站六處。

河西隴北道肅政廉訪司。

甘州路，上。唐爲甘州，又爲張掖郡。宋初爲西夏所據，改鎭夷郡，又立宣化府。元初仍稱甘州。至元元年，置甘肅路總管府。八年，改甘州路總管府。十八年，立行中書省，以控制河西諸郡。戶一千五百五十，口二萬三千九百八十七。至元二十七年數。本路黑山、滿峪、泉水渠、鴨子翅等處屯田，計一千一百六十餘頃。

永昌路，下。唐涼州。宋初爲西涼府，景德中陷入西夏。元初仍爲西涼府。至元十五年，以永昌王宮殿所在，立永昌路，降西涼府爲州隸焉。

西涼州。下。

肅州路，下。唐爲肅州，又爲酒泉郡。宋初爲西夏所據。元太祖二十一年，西征，攻肅州下之。世祖至元七年，置肅州路總管府。戶一千二百六十二，口八千六百七十九。至元二十七年數。

沙州路，下。唐爲沙州，又爲燉煌郡。宋仍爲沙州，景祐初，西夏陷瓜、沙、肅三州，盡得河西故地。金因之。元太祖二十二年，破其城以隸八都大王。至元十四年，復立州。十七年，升爲沙州路總管府，瓜州隸焉。沙州去肅州千五百里，內附貧民欲乞糧沙州，必須白之肅州，然後給與，朝廷以其不便，故升沙州爲路。

瓜州，下。唐改爲晉昌郡，復爲瓜州。宋初陷於西夏。夏亡，州廢。元至元十四年復立。二十八年徙居民於肅州，但名存而已。

亦集乃路，下。在甘州北一千五百里，城東北有大澤，西北俱接沙磧，乃漢之西海郡居延故城，夏國嘗立威福軍。元太祖二十一年內附。至元二十三年，立總管府。二十三年，亦集乃總管忽都魯言：「所部有田可以耕作，乞以新軍二百人鑿合即渠於亦集乃地，幷以傍近民西僧餘戶助其力。」從之。計屯田九十餘頃。

寧夏府路，下。唐屬靈州。宋初廢爲鎭，領蕃部。自唐末有拓拔思恭者鎭夏州，世有銀、夏、綏、宥、靜五州之地。宋天禧間，傳至其孫德明，城懷遠鎭爲興州以居，後升興慶府，又改中興府。元至元二十五年，置寧夏路總管府。至元八年，立西夏中興等路行尙書省。元貞元年，革寧夏路行中書省，併其事於甘肅行省。領州三。本路棗園、納憐站等處屯田一千八百頃。

靈州，下。唐爲靈州，又爲靈武郡。宋初陷於夏國，改爲翔慶軍。

鳴沙州，下。隋置環州，立鳴沙縣。唐革州以縣隸靈州。宋沒於夏國，仍舊名。元初立鳴沙州。屯田四百四十餘頃。

應理州，下。與蘭州接境，東阻大河，西據沙山，考之圖志，乃唐靈武郡地。其州城未詳建立之始，元初仍立州。

山丹州，下。唐爲删丹縣，隸甘州。宋初爲夏國所有，置甘肅軍。元初爲阿只吉大王分地。至元六年，行山丹城事，删訛爲山。二十二年，升爲州，隸甘肅行省。

西寧州，下。唐置鄯州，理湟水縣，上元間没於土蕃，號青唐城。宋改爲西寧州。元初爲章吉駙馬分地。至元二十三年，立西寧州等處拘搉課程所。二十四年，封章吉爲寧濮郡王，以鎮其地。

兀剌海路。闕。太祖四年，由黑水城北兀剌海西關口入河西，獲西夏將高令公，克兀剌海城。

校勘記

〔一〕唐初爲雍州後改關内道　考異云：「案唐太宗分天下爲十道，非改州爲道也。當云屬關内道。」

〔二〕宋分陝西〔永興〕秦鳳熙河涇原環慶鄜延爲六路　按宋史卷八七地理志，陝西路，以永興、鄜延、環慶、秦鳳、涇原、熙河分六路。據補。

〔三〕唐宋爲（郃）〔韓〕城縣　按新唐書卷三七地理志，同州縣八，有韓城。宋史卷八七地理志，同州縣六，有韓城。唐、宋時皆稱韓城，此「郃城」涉「郃陽」而誤，今改。

〔四〕金曰（禎）〔楨〕州　按金史卷二六地理志，韓城縣，貞祐三年升爲楨州。本書卷六世祖紀至元六年十二月有「改楨州復爲韓城縣」。據改。元書已校。

〔五〕唐改洋(州)〔川〕郡　按舊唐書卷三九地理志，洋州，天寶元年改爲洋川郡。據改。考異已校。

〔六〕元初割平涼府秦隴德順西寧鎮(寧)〔原〕州隸鞏昌路　按下文作「鎮原州」。又有「唐原州」，「元改鎮原州」。據改。

〔七〕金改保定縣爲涇(州)〔川〕　按金史卷二六地理志，涇州，縣四，涇川本保定縣，大定七年更。本書卷八世祖紀至元十一年十二月癸亥條有「長武縣省入涇川」。據改。下同。

〔八〕金爲慶(源)〔原〕路　按金史卷二六地理志，慶原路，舊作陝西西路。金史卷一三四西夏傳，夏人攻慶原、延安、積石州。據改。考異已校。

〔九〕仍置安西縣倚郭通西二寨並置縣來屬　金史卷二六地理志「安西」作「定西」，並注「貞祐四年六月升爲州，以通西、安西隸焉」。此處「安西」當作「定西」，「通西」下當有「安西」。

〔一〇〕(永)〔水〕洛　據金史卷二六地理志、宋史卷八七地理志改。

〔一一〕(栗)〔粟〕州　據新唐書卷三七地理志、元一統志改。

〔一二〕宋置敷川縣金置(寶)〔保〕川縣　宋史卷八七地理志，會州，崇寧三年置倚郭縣曰敷文。道光本改「敷川」爲「敷文」。又「寶川」誤。金史卷二六地理志，會州，縣一，保川。據改。新編已校。

〔一三〕至元九年於土蕃西(川)界立寧河站　按本書卷七世祖紀至元九年四月己丑條有「詔於土蕃、西川界立寧河驛」。據補。

〔一四〕（石）〔名〕山　據本書卷八七百官志及隋書卷二九地理志改。

〔一五〕（文）〔汶〕山　按混一方輿勝覽，茂州，煬帝爲汶山郡，唐曰南會州，宋改茂州，領汶山、汶川兩縣。宋史卷八九地理志，茂州，縣一，汶山。據改。元書已校。

〔一六〕碉門魚通黎雅長河西寧〔遠〕等處宣撫司　本書卷八七百官志有「碉門魚通黎雅長河西寧遠等處軍民安撫使司」。據補。本證已校。

〔一七〕西蜀四川道〔肅政〕廉訪司　據上文例補。

〔一八〕併（南）〔難〕江恩陽二縣入化城　按上文作「難江」。宋史卷八九地理志，巴州縣五，有難江。據改。新編已校。

〔一九〕唐爲南充郡又改（梁）〔果〕州　按舊唐書卷四一地理志，果州，武德四年割隆州之南充、相如二縣置果州，因果山爲名。天寶元年，改爲南充郡。乾元元年，復爲果州。據改。考異已校。

〔二〇〕唐改蓬（州）〔山〕郡　按舊唐書卷三九地理志，蓬州，至德二年改爲蓬山郡。新唐書卷四〇地理志、混一方輿勝覽亦作「蓬山郡」。據改。

〔二一〕宋改靜戎軍又改（安靜）〔靜安〕軍　按宋史卷八九地理志，潼川府，乾德四年改靜戎軍，置東關縣。太平興國中，改靜安軍。據改正。新編已校。

〔二二〕唐改浦州爲萬（川）〔州〕　按舊唐書卷三九地理志，武德八年復立浦州。貞觀八年，改爲萬州。

混一方輿勝覽亦作「萬州」。據改。新編已校。

〔二三〕宋爲浦州　考異云：「案宋志，萬州領南浦、武寧二縣，初無浦州之名，此誤。」

〔二四〕在（夢）〔慶〕符向南抵定川　按下文作「慶符縣」。宋史卷八九地理志，敍州慶符，本敍州徼外地。據改。又「向」字於此費解，疑誤，新編改作「南」。

〔二五〕師壁洞安（宣）撫司　按本書卷一六世祖紀至元二十八年七月癸丑條有「賜師壁洞安撫司、師壁鎮撫所、師羅千戶所印」。卷九一百官志亦有師壁洞安撫司。據改。本證已校。

元史卷六十一

志第十三

地理四

雲南諸路行中書省，爲路三十七、府二，屬府三，屬州五十四，屬縣四十七。其餘甸寨軍民等府不在此數。馬站七十四處，水站四處。

雲南諸路道肅政廉訪司。大德三年，罷雲南行御史臺，立肅政廉訪司。

中慶路，上。唐姚州。閤羅鳳叛，取姚州，其子鳳伽異增築城曰柘東，六世孫券豐祐改曰善闡，歷五代迄宋，羈縻而已。元世祖征大理，凡收府八，善闡其一也，郡四，部三十有七。其地東至普安路之橫山，西至緬地之江頭城，凡三千九百里而遠；南至臨安路之鹿滄江，北至羅羅斯之大渡河，凡四千里而近。憲宗五年，立萬戶府十有九，分善闡爲萬戶府四。至元七年，改爲路。八年，分大理國三十七部爲南北中三路，路設達魯花赤幷總管。十三年，立雲南行中書省，初置郡縣，遂改善闡爲中慶路。領司一、縣三、州四。州領八縣。本路軍民屯田二萬二千四百雙有奇。

錄事司。

縣三

昆明，中。倚郭。唐置。元憲宗四年，分其地立千戶二。至元十二年，改善州，領縣。二十一年，州革，縣如故。其地有昆明池，五百餘里，夏潦必冒城郭。張立道爲大理等處勸農使，求泉源所出，洩其水，得地萬餘頃，皆爲良田云。

富民，下。至元四年，立黎灢千戶。十二年，即黎灢立縣。宜良。下。唐匡州，即其地。蠻酋羅氏於此立城居之，名曰羅裒龍，乃今縣也。元憲宗六年，立太池千戶，隸嵩明萬戶。至元十三年，升宜良州，治太池縣。二十一年，州罷爲縣，後廢太池來屬。

州四

嵩明州，下。州在中慶東北，治沙札臥城，烏蠻車氏所築，白蠻名爲嵩明。昔漢人居之，後烏、白蠻强盛，漢人徙去，盟誓於此，因號嵩盟，今州南有土臺，盟會處也。漢人嘗立長州，築金城、阿葛二城。蒙氏興，改長州爲嵩盟部，段氏因之。元憲宗六年，立嵩明萬戶。至元十二年，復改長州。十五年，升嵩明府。二十二年，降爲州。領二縣：

楊林，下。在州東南，治楊林城，乃雜蠻枳氏、車氏、斗氏、麼氏四種所居之地，城東門內有石如羊形，〔一〕故又作羊。唐有羊林部落，即此地。元憲宗七年，立羊林千戶。至元十二年，改爲縣。邵甸。下。在州西，治白邑村，無城郭，車蠻、斗蠻舊地，名爲束甸，以束爲部，憲宗七年，立部甸千戶。至元十二年，改爲縣。

晉寧〔州〕，〔二〕下。唐晉寧縣，蒙氏、段氏皆爲陽城堡部。元憲宗七年，立陽城堡萬戶。至元十二年，改晉寧州。領二縣：

呈貢，下。西臨滇澤之濱，在路之南，州之北，其間相去六十里，有故城曰呈貢，世爲些莫強宗部蠻所居。元憲宗六年，立呈貢千戶。至元十二年，割詔營、切龍、呈貢、雌甸、塔羅、和羅忽六城及烏納山立呈貢縣。歸化。下。在州東北，呈貢縣南，西濱滇澤，地名大吳龍，（背）〔昔〕吳氏所居，〔三〕後爲些莫徒蠻所有，世隸善闡。憲宗六年，分隸呈貢千戶。至元十二年，割大吳龍、安江、安湖立歸化縣。

昆陽州，下。在滇池南，僰、獹雜夷所居，有城曰巨橋，今爲州治。閤羅鳳叛唐，令曲蜅蠻居之。段氏興，隸善闡。元憲宗併羅皛等十二城，立巨橋萬戶。至元十二年，改昆陽州。領二縣：

三泊，下。至元十三年，於那龍城立縣。易門。下。在州之西，治市坪村，世爲烏蠻所居。段氏時，高智昇治善闡，奄而有之。至元四年，立洟門千戶。十二年，改爲縣。縣西有泉曰洟源，訛作易門。

安寧州，下。唐初置安寧縣，隸昆州。閤羅鳳叛唐後，烏、白蠻遷居。蒙氏終，善闡酋孫氏爲安寧城主，及袁氏、高氏互有其地。元憲宗七年，隸陽城〔堡〕萬戶。〔四〕至元三年，立安寧千戶。十二年，改安寧州。領二縣：

祿豐，下。在州西，治白村，其地瘴熱，非大酋所居，惟烏、雜蠻居之，〔五〕遷徙不常。至元十二年，割安寧千戶之碌琫、化泥、躐琮籠三處立祿豐縣。因江中有石如甑，俗名碌琫，譯謂碌爲石，琫爲甑，訛爲今名。羅次。下。在州北，治壓磨呂白村，本烏蛮羅部，地險俗悍。至元十二年，因羅部立羅次州，隸中慶路。二十四年，改州爲縣。二十七年，隸安寧州。

威楚開南等路，下。爲雜蠻耕牧之地，夷名俄碌，歷代無郡邑，後爨酋威楚築城俄碌睒居之。唐時蒙舍詔閤羅鳳合六詔爲一，使俄碌，取和子城，今鎮南州是也。後閤羅鳳叛，於本境立郡縣，諸爨盡附。蒙氏立二都督、六節度，銀生節度卽今路也。及段氏興，銀生隸姚州，又名當筋瞼。〔六〕及高昇泰執大理國柄，封其姪子明量於威楚，築外城，號德江城，傳至其裔長壽。元憲宗三年征大理，平之。六年，立威楚萬戶。至元八年，改威楚路，置總管府。領縣二、州四。州領一縣。本路軍民屯田共七千一百雙。

縣二

威楚，下。倚郭。至元十五年，升威州，仍立富民、淨樂二縣。二十一年，降州爲威楚縣，革二縣爲鄉來屬。定遠。下。在路北，地名目直睒，雜蠻居之。諸葛孔明征南中，經此睒，後號爲牟州。唐蒙氏遣爨蠻酋撻專鎮牟州，築城曰耐籠。至高氏專大理國政，命雲南些莫徒酋夷羨徙民二百戶於黃蓬穽，其撻專故城隸高氏。元憲宗四年，立牟州千戶，黃蓬穽爲百戶。至元十二年，改爲定遠州，黃蓬穽爲南寧縣，後革縣爲鄉，改州爲縣，隸本路。

州四

鎮南州，下。州在路北，昔樸、落蠻所居。川名欠舍，中有城曰雞和。至唐時，蒙氏併六詔，征東蠻，取和子、雞和二城，置石鼓縣，又於沙却置俗富郡。沙却即今州治。至段氏封高明量爲楚公，欠舍、沙却皆隸之。元憲宗三年，其酋內附。七年，立欠舍千戶、石鼓百戶。至元二十二年，改欠舍千戶爲鎮南州，立定邊、石鼓二縣。二十四年，革二縣爲鄉，仍隸本州。

南安州，下。州在路東南，山嶺稠疊，內一峯竦秀，林麓四周，其頂有泉。昔黑爨蠻祖瓦晟吳立栅居其上，子孫漸盛，不隸他部，至高氏封威楚方隸焉。憲宗立摩芻千戶，隸威楚萬戶。至元十二年，改千戶爲南安州，隸本路。領一縣：

廣通。下。縣在州之北，夷名爲路睒，雜蠻居之。南詔閤羅鳳曾立路睒縣，至段氏封高明量於威楚，其後宜州酋些莫徒裔易裒等附之，至高長壽遂處於路睒，易裒去舊堡二十里，山上築城白龍戲新栅。憲宗七年，長壽內附，立路睒千戶。至元十二年改爲廣通縣，隸南安州。

開南州，下。州在路西南，其川分十二甸，昔樸、和泥二蠻所居也。莊蹻王滇池，漢武開西南夷，諸葛孔明定益州，皆未嘗涉其境。至蒙氏興，立銀生府，後爲金齒、白蠻所陷，移府治於威楚，開南遂爲生蠻所據。自南詔至段氏，皆爲徼外荒僻之地。元中統三年平之，以所部隸威楚萬戶。至元十二年，改爲開南州。

威遠州，下。州在開南州西南，其川有六，昔撲、和泥二蠻所居。至蒙氏興，開威楚爲郡，而州境始通。其後金齒、白夷蠻酋阿只步等奪其地。中統三年征之，悉降。至元十二年，立開南州及威遠州，隸威楚路。

武定路軍民府，下。唐隸姚州，在滇北，昔獹鹿等蠻居之。至段氏使烏蠻阿歷治納洟肥共龍城於共甸，又築城名曰易龍，其裔孫法瓦浸盛，以其遠祖羅婺爲部名。元憲宗四年內附。七年，立爲萬戶，隸威楚。至元八年，併仁德、于矢入本部爲北路。十一年，割出二部，改本路爲武定。領州二。州領四縣。本路屯田七百四十八雙。

州二

和曲州，下。州在路西南，蠻名巨簉甸，僰、獹諸種蠻所居。地多漢冢，或謂漢人曾居。蒙氏時，白蠻據其地，至段氏以烏蠻阿歷併吞諸蠻聚落三十餘處，分兄弟子姪治之，皆隸羅婺部。元憲宗六年，改巨簉甸曰和曲。至元二十六年，升爲州。領二縣：

南甸，下。路治本縣，蠻曰瀼甸，又稱洟陬籠。至元二十六年改爲縣。元謀。下。夷中舊名環州，元治五甸，至元十六年改爲縣。

祿勸州，下。州在路東北，甸名洪農碌券，雜蠻居之，無郡所。至元二十六年，立祿勸州。

領二縣：

易籠，下。易籠者，城名，在州北，地名倍場。縣境有二水，蠻語謂濤爲水，籠爲城，因此爲名。昔羅婺部大酋居之，爲羣酋會集之所。至元二十六年，立縣。石舊，下。縣在州東，有四甸：曰掌鳩，曰法塊，曰抹捻，曰曲蔽。掌鳩甸有溪遶其三面，凡數十渡，故名，今訛名石舊。至元二十六年，立縣。

鶴慶路軍民府，下。府治在麗江路東南，大理路東北，夷名其地曰鶴川、樣共。昔隸越析詔，漢、唐未建城邑。開元末，閤羅鳳合六詔爲一，稱南詔，徙治羊苴〔咩〕城，〔七〕地近龍尾、鶴柘，今府卽其地也。大和中，蒙勸封祐於樣共立謀統郡。蒙氏後，經數姓如故。元憲宗三年內附，爲鶴州。七年，立二千戶，仍稱謀統，隸大理上萬戶。至元十一年，罷謀統千戶，復爲鶴州。二十年，爲燕王分地，隸行省。二十三年，升爲鶴慶府。領一縣：

劍川。下。縣治在劍川湖西，夷云羅魯城。按唐史南詔有六節度，劍川其一也。初蒙氏未合六詔時，有浪穹詔與南詔戰，不勝，遂保劍川，更稱〔浪劍〕〔劍浪〕。〔八〕貞元中，南詔擊破之，奪劍、共諸川地，其酋徙居劍睒西北四百里，號劍羌。蒙氏終，至段氏，改劍川爲義督瞼。憲宗四年內附。七年，立義督千戶。至元十一年，罷千戶，立劍川縣，隸鶴州。軍民屯田共一千餘雙。

雲遠路軍民總管府，元貞二年置。

徹里軍民總管府，大德中置。大德中，雲南省言：「大徹里地與八百媳婦犬牙相錯，勢均力敵。今大徹里胡念已降，小徹里復控扼地利，多相殺掠，胡念日與相拒，不得離，遣其弟胡倫入朝，指畫地形，乞別立徹里軍民宣撫司，擇通習蠻夷情狀者爲之帥，招其來附，以爲進取之地。」乃立徹里軍民總管府。

廣南西路宣撫司。闕。

麗江路軍民宣撫司，路因江爲名，謂金沙江出沙金，故云。源出吐蕃界。今麗江卽古麗水，兩漢至隋、唐皆爲越嶲郡西徼地，昔麼蠻、些蠻居之，遂爲越析詔。二部皆烏蠻種，居鐵橋。貞元中，其地歸南詔。元憲宗三年，征大理，從金沙濟江，麼、些負固不服。四年春，平之，立茶罕章管民官。至元八年，立宣慰司。十三年，改爲麗江路，立軍民總管府。二十二年，府罷，於通安、巨津之間立宣撫司。領府一、州七。州領一縣。

府一

北勝府，在麗江之東。唐南詔時，鐵橋西北有施蠻者，貞元中爲異牟尋所破，遷其種居之，號劍羌，名其地曰成偈睒，又改名善巨郡。蒙氏終，段氏時，高智昇使其孫高大惠鎭此郡。後隸大理。元憲宗三年，其酋高俊內附。至元十五年，立爲施州。十七年，改爲北勝州。二十年，升爲府。〔九〕

州七

順州，在麗江之東，俗名牛睒。昔順蠻種居劍、（川共）〔共川〕。〔一〇〕唐貞元間，南詔異牟尋破之，徙居鐵橋、大婆、小婆、三探覽等川。其酋成斗族漸盛，自爲一部，遷於牛賧。至十三世孫自瞠猶隸大理。元憲宗三年內附。至元十五年，改牛賧爲順州。

蒗蕖州，治羅共賧，在麗江之東，北勝、永寧南北之間，羅落、麼、些三種蠻世居之。憲宗三年，征大理。至元九年內附。十六年，改羅共賧爲蒗蕖州。

永寧州，昔名樓頭賧，接吐蕃東徼，地名答藍，麼、些蠻祖泥月烏逐出吐蕃，遂居此賧，世屬大理。憲宗三年，其三十一世孫和字內附。至元十六年，改爲州。

通安州，治在麗江之東，雪山之下。昔名三賧。僕繲蠻所居，其後麼、些蠻葉古乍奪而有之，世隸大理。憲宗三年，其二十三世孫麥良內附。中統四年，以麥良爲察罕章管民官。至元九年，其子麥兀襲父職。十四年，改三賧爲通安州。

蘭州，在蘭滄水之東。漢永平中始通博南山道，渡蘭滄水，置博南縣。唐爲盧鹿蠻部。至段氏時，置蘭溪郡，〔二〕隸大理。元憲宗四年內附，隸茶罕章管民官。至元十二年，改蘭州。

寶山州，在雪山之東，麗江西來，環帶三面。昔麼、些蠻居之。其先自樓頭徙居此，二十餘世。世祖征大理，自卞頭濟江，由羅邦至羅寺，圍大匱等寨，其酋內附，名其寨曰察罕忽魯罕。至元十四年，以大匱七處立寶山縣，十六年升爲州。

巨津州，昔名羅波九睒，北接三川、鐵橋，西鄰吐蕃。按唐書，南詔居鐵橋之南，西北與吐蕃接。今州境實大理西北陬要害地，麽、些大酋世居之。憲宗三年內附。至元十四年，於九睒立巨津州，蓋以鐵橋自昔爲南詔、吐蕃交會之大津渡，故名。領一縣：

臨西。下。縣在州之西北，乃大理極邊險僻之地，夷名羅裒間，居民皆麽、些二種蠻。至元十四年，立大理州縣，於羅裒間立臨西縣，以西臨吐蕃境故也，隸巨津州。

東川路，下。至元二十八年立。

茫部路軍民總管府。下。

𨰇良州。下。

强州。下。

孟傑路。自東川路以下闕。泰定三年，八百息婦蠻請官守，置木安、孟傑二府於其地。

普安路，下。治在盤町山陽，巴盤江東。古夜郎地。秦爲黔中地，兩漢隸牂柯郡，蜀隸興古郡，隋立牂州。唐置西平州，後改興古郡爲盤州。蒙氏叛唐，其地爲南詔東鄙，東爨烏蠻七部落居之。其後爨酋阿宋逐諸蠻據其地，號于失部，世爲酋長。元憲宗七年，其酋內附，命爲于失萬戶。至元十三年，改普安路總管府。明年，更立招討司。十六年，改爲宣撫司。二十二年，罷司爲路。

曲靖等路宣慰司軍民萬戶府，〔一二〕曲、靖二州在漢爲夜郎味縣地。蜀分置興古郡。隋初爲恭州、協州。唐置南寧州。東、西爨分烏、白蠻二種，自曲靖州西南昆川距龍和城，通謂之西爨白蠻，自彌鹿、升麻二川南至步頭，通謂之東爨烏蠻。貞觀中，以西爨歸王爲南寧都督，襲殺東爨首領蓋聘。南詔閤羅鳳以兵脅西爨，徙之至龍和，皆殘於兵。東爨烏蠻復振，徙居西爨故地，世與南詔爲婚，居故曲靖州。天寶末，征南詔，進次曲靖州，大敗，其地遂沒于蠻。元憲宗六年，立磨彌部萬戶。至元八年，改爲中路。十三年，改曲靖路總管府。二十年，以隸皇太子。二十五年，升宣撫司。領縣一、州五。州領六縣。本路屯田四千四百八十雙，歲輸金三千五百五十兩、馬一百八十四。

縣一

南寧。下。倚郭。唐以爨歸王爲南寧州都督，治石城。及閤羅鳳叛，州廢，蒙氏改石城郡。至段氏，烏蠻莫彌部酋據石城。元憲宗三年內附。六年，立千戶，隸莫彌部萬戶。至元十三年，升南寧州。二十一年，革爲縣。

州五

陸涼州，下。即漢牂柯郡之平夷縣。南詔叛後，落溫部蠻世居之。憲宗三年內附，立落溫千戶，屬落蒙萬戶。至元十三年，改爲陸涼州。領二縣：

芳華，下。在州西。河納。下，在州南，治蔡村。

越州，下。在路之南，其川名魯望，普麽部蠻世居之。憲宗四年內附。六年，立千戶，隸末迷萬戶。至元十二年，改越州，隸曲靖路。

羅雄州，下。與溪洞蠻獠接壤，歷代未嘗置郡，夷名其地為塔敝納夷甸。俗傳盤瓠六男，其一曰蒙由丘，後裔有羅雄者居此甸。至其孫普恐，名其部曰羅雄。憲宗四年內附。七年，隸普摩千戶。至元十三年，割夜苴部為羅雄州，隸曲靖路。

馬龍州，下。夷名曰撒匡。昔僰、剌居之，盤瓠裔納垢逐舊蠻而有其地。至羅苴內附，於本部立千戶。至元十三年，改為州，卽舊馬龍城也。領一縣：

通泉。下。在州西南，與嵩明州楊林縣接壤，納垢之孫易陬分居其地。元初為易龍百戶，隸馬龍千戶。至元十三年，改名通泉縣，隸馬龍州。

霑益州，下。在本路之東北，據南盤江、北盤江之間。唐初置州，天寶末，沒于蠻，為僰、剌二種所居。後磨彌部奪之。元初其孫普垢斸內附。憲宗七年，以本部隸曲靖磨彌萬戶府。至元十三年，改霑益州。領三縣：

交水，下。治易陬龍城。其先磨彌部酋蒙提居之，後大理國高護軍逐其子孫為私邑。憲宗五年內附。至元十三年，卽其城立縣。石梁，下。係磨彌部，又名伍勒部。其酋世為巫，居石梁原山。至元十三年為縣。羅山。下。夷名落蒙山，乃磨彌部東境。

澂江路，下。治在滇池東南。唐屬牂州，隸黔州都督府。開元中，降爲羈縻州。今夷中名其地曰羅伽甸。初，麼、些蠻居之，後爲僰蠻所奪。南詔蒙氏爲河陽郡，至段氏，麼、些蠻之裔復居此甸，號羅伽部。元憲宗四年內附，六年以羅伽部爲萬戶。至元三年，改萬戶爲中路。十六年，升爲澂江路。領縣三、州二。州領三縣。本路屯田四千一百雙。

縣三

河陽，下。內附後爲千戶。至元十六年，爲河陽州。二十六年，降爲縣。江川，下。在澂江路南，星雲湖之北。蒙氏叛唐，使白蠻居之。至段氏，些麼徒蠻之裔居此城，更名步雄部。其後弄景內附，即本部爲千戶。至元十三年，改千戶爲江川州。二十年，降爲縣。陽宗。下。在本路西北，明湖之南。昔麼、些蠻居之，號曰强宗部，其裔㢡舍內附，立本部千戶。至元十三年，改爲縣。

州二

新興州，下。漢新興縣。唐初隸牂州，後南詔叛，降爲羈縻州。蒙氏爲溫富州。段氏時麼、些蠻分居其地。內附後，立爲千戶。至元十三年，改新興州，隸澂江路。領二縣：

普舍，下。在州西北。昔有强宗部蠻之裔，長曰部傍，據普具龍城，次曰普舍，據普札龍城。二城之西有白城，漢人所築。二酋屢爭其地，莫能定。後普舍孫苴剻內附，立本部爲千戶。十三年，改千戶爲普舍縣，治普札龍城，隸新興州。研和。下。麼些徒蠻步雄居之，〔一三〕其孫龍錙內附，立百戶。至元十三年，改爲縣。

路南州，下。州在本路之東，夷名路甸，有城曰撒呂，黑爨蠻之裔落蒙所築，子孫世居之，因名落蒙部。憲宗朝內附，即本部立萬戶。至元七年，併落蒙、羅伽、末迷三萬戶爲中路。十三年，分中路爲二路，改羅伽爲澂江路，落蒙爲路南州，隸澂江路。領一縣：

邑市。下。至元十三年，即邑市、彌歪二城立邑市縣，彌沙等五城立彌沙縣。二十四年，併彌沙入本縣，隸路南州。

普定路，本普里部，歸附後改普定府。至元二十七年，初斡羅思、呂國瑞入賄丞相桑哥及要束木等，請創羅甸宣慰司。至是，言招到羅甸國札哇并龍家、宋家、犵狫、苗人諸種蠻夷四萬六千六百戶。阿卜、阿牙者來朝，爲曲靖路宣慰同知脫因及普安路官所阻。會雲南行省言：「羅甸即普里也，歸附後改普定府，印信具存，隸雲南省三十餘年，賦役如期。今所創羅甸宣慰安撫司，隸湖南省。斡羅思等擅以兵脅降普定土官矣資男、札哇、希古等，勒令同其入覲，邀功希賞，乞罷之，仍以其地隸雲南。」制可。大德七年，改爲路。大德七年，中書省臣言：「蛇節、宋隆濟等作亂，普定知府容苴率衆效順。容苴沒，其妻適姑亦能宣力戎行，乞令襲其夫職。仍改普定爲路，隸曲靖宣慰司，以適姑爲本路總管，虎符。」

仁德府，昔僰、剌蠻居之，無郡縣。其部曰仲扎溢源，後烏蠻之裔新丁奪而有之。至四世孫，因其祖名新丁，以爲部號，語訛爲仁地。憲宗五年內附。明年，立本部爲仁地萬戶。至元初復叛，四年降之，仍爲萬戶。十三年，改萬戶爲仁德府。本府屯田五百六十雙。領縣二：

爲美，下。縣治在府北，地名溢浦適侶睒甸，即仁地故部。至元二十四年置縣。歸厚。下。縣治在府西，地名易浪滿龍，舊隸仁地部。至元二十四年，分立二縣，曰倘俸，曰爲美。二十五年，改倘俸曰歸厚。

羅羅蒙慶等處宣慰司都元帥府。〔一四〕

建昌路，下。本古越巂地，唐初設中都〔督〕府，治越巂。〔一五〕至德中，沒于吐蕃。貞元中復之，懿宗時，蒙詔立城曰建昌府，以烏、白二蠻實之。其後諸酋爭強，不能相下，分地爲四，推段興爲長。其裔浸強，遂併諸酋，自爲府主，大理不能制。傳至阿宗，娶落蘭部建蒂女沙智。元憲宗朝，建蒂內附，以其壻阿宗守建昌。至元十二年，析其地置總管府五、州二十三，建昌其一路也，設羅羅宣慰司以總之。本路領縣一、州九。州領一縣。本路立軍民屯田。

縣一：

中縣。縣治在住頭回甸，蓋越巂之東境也。所居烏蠻自別爲沙麻部，以酋長所立處爲中州。至元十年內附。十四年，仍爲中州。二十二年，降爲縣，隸建昌路。

州九

建安州，下。即總府所治。建蒂既平，分建昌府爲萬戶二，又置千戶二。至元十五年，割建鄉城十四村及建蒂四村立寶安州。十七年，改本千戶爲建安州。二十六年，革寶安州，以其鄉村來屬。

永寧州，下。在建昌之東郭。唐時南詔立建昌郡，領建安、永寧二州。元至元九年，西平王平建蔕。十六年，分建昌爲二州，在城曰建安，東郭曰永寧，俱隸建昌路。

瀘州，下。州在路西，昔名沙城瞼，卽諸葛武侯禽孟獲之地。有瀘水，深廣而多瘴，鮮有行者，冬夏常熱，其源可燖鷄豚。至段氏時，於熱水甸立城，名洟籠，隸建昌。憲宗時，建蔕內附，復叛，至元九年平之。十五年，改洟籠爲瀘州。

禮州，下。州在路西北，瀘沽水東，所治曰籠壓城。南詔末，諸蠻相侵奪，至段氏興，併有其地。裔孫阿宗內附，復叛，至元九年平之，設千戶。十五年，改爲禮州。領一縣：

瀘沽。縣在州北。昔羅落蠻所居，至蒙氏覇諸部，以烏蠻酋守此城，後漸盛，自號曰落蘭部，或稱羅落。其裔蒲德遣其姪建蔕內附。建蔕繼叛，殺蒲德，自爲酋長，併有諸部。至元九年平之，設千戶。十三年升萬戶，十五年改縣。

里州，下。唐隸嶲州都督。蒙詔時落蘭部小酋阿都之裔居此，因名阿都部。傳至納空，隨建蔕內附。中統三年叛。至元十年，其子耶吻效順，隸烏蒙。十八年，設千戶。二十二年，同烏蠻叛，奔羅羅斯。二十三年，升軍民總管府。二十六年，府罷爲州，隸建昌路。

闊州，下。州治蜜納甸。古無城邑，烏蒙所居。昔仲由蒙之裔孫名科居此，因以名爲部號，後訛爲闊。至三十七世孫㚇羅內附。至元九年，設千戶。二十六年，改爲州。

邛部州，下。州在路東北，大渡河之南，越巂之東北。君長十數，筰都最大。唐立邛部縣，後沒于蠻。至宋歲貢名馬土物，封其酋爲邛都王。今其地夷稱爲邛部川，治烏弄城，昔麼、些蠻居之，後仲由蒙之裔奪其地。元憲宗時內附。中統五年，立邛部川安撫招討使，隸成都元帥府。至元十年，割屬羅羅斯宣慰司。二十一年，改爲州。

隆州，下。州在路之西南，與漢邛(部)〔都〕縣接境，〔一六〕唐會川縣之西北。蒙氏改會川爲會同邏，立五瞼，本州爲邊府瞼。其後瞼主楊大蘭於瞼北塏上立城，分派而居，名曰大隆城，卽今州治也。元至元十三年內附。十四年，設千戶。十七年，改隆州。

姜州，下。姜者蠻名也。烏蠻仲牟由之裔阿壇絳始居闊畔部，其孫阿羅仕大理國主高泰，是時會川有城曰龍納，羅落蠻世居焉。阿羅挾高氏之勢，攻拔之，遂以祖名曰絳部。憲宗時，隨闊畔內附，因隸焉。至元八年，爲落蘭部酋建蔕所破。九年平之，遂隸會川，後屬建昌。十五年，改爲姜州。二十七年，復屬闊畔部，後又屬建昌。

德昌路軍民府，下。漢邛都縣地，唐沒於南詔。路在建昌西南，所居蠻號屈部。元至元九年內附。十二年，立定昌路，以本部爲昌州。二十三年，罷定昌路，併入德昌路，治本州葛魯城。領州四。本路立軍民屯田。

昌州，下。路治本州。初，烏蠻阿屈之裔寖强，用祖名爲屈部。其孫烏則，至元九年內附。

十二年，改本部爲州，兼領普濟、威龍，隸定昌路。二十三年，罷定昌路，併隸德昌。

德州，下。在路之北。其地今名吾越甸，城曰亦苴龍，所居蠻苴郎，以遠祖名部曰頹綖。憲宗時內附。至元十二年，立千戶。十三年，改爲德州，隸德平路。二十三年，改隸德昌。

威龍州，下。州在路西南，夷名巴翠部，領小部三，一曰沙媧普宗，二曰烏鷄泥祖，三曰媧諸龍菖蒲，皆獹魯蠻種也。至元十五年，合三部立威龍州，隸德昌。

普濟州，下。州在路西北，夷名玗甸。昔爲荒僻之地，獹魯蠻世居之，後屬屈部。至元九年，隨屈部內附。十五年，於玗甸立定昌路。二十三年，路革，改隸德昌。

會川路，下。路在建昌南。唐移邛都於此。其地當征蠻之要衝，諸酋聽會之所，故名。天寶末，沒於南詔，立會川都督府，又號清寧郡。至段氏仍爲會川府。元至元九年內附，十四年立會川路，治武安州。領州五。本路立軍民屯田。

武安州，下。蠻稱龍泥城。至元十四年，立管民千戶。十七年，改爲武安州。

黎溪州，下。古無城邑，蠻云黎疆，訛爲今名。初，烏蠻與漢人雜處，及南詔閣羅鳳叛，徙白蠻守之。蒙氏終，羅羅逐去白蠻。段氏興，令羅羅蠻乞夷據其地。至元九年，其裔阿夷內附，改其部爲黎溪州。

永昌州，下。州在路北，治故歸依城，卽古會川也。唐天寶末，沒於南詔，置會川都督。至蒙氏改會同府，置五瞼，徙張、王、李、趙、楊、周、高、段、何、蘇、龔、尹十二姓於此，以趙氏爲府主，居今州城。趙氏弱，王氏據之。及段氏（輿）〔興〕，高氏專政，〔一七〕逐王氏，以其子高政治會川。元憲宗三年，征大理，高氏逃去。九年，故酋王氏孫阿龍率衆內附。至元八年，以其男阿禾領會川。十四年，改管民千戶。十七年，立永昌州，隸會川路。

會理州，下。州在會川府東南。唐時南詔屬會川節度，地名昔陀。有蠻名阿壇絳，亦仲由蒙之遺種。其裔羅於則，得昔陀地居之，取祖名曰絳部，後强盛，盡有四州之地，號蒙歪。元憲宗八年，其孫亦蘆內附，隸閟畔萬戶。至元四年，屬落蘭部。十三年，改隸會川路。十五年，置會理州，仍隸會川。二十七年，復屬閟畔部。

麻龍州，下。麻龍者，城名也，地名棹羅能。烏蠻蒙次次之裔，祖居閟畔東川，後普恐遷苗臥龍，其孫阿麻內附。至元五年，爲建蔕所併。十二年，屬會川。十四年，立管民千戶，隸會川路。十七年，立爲州。二十七年，割屬閟畔部。

柏興府，昔摩沙夷所居。漢爲定（筰）〔莋〕縣，〔一八〕隸越巂郡。唐立昆明縣。天寶末沒於吐蕃。後復屬南詔，改香城郡。元至元十年，其鹽井摩沙酋羅羅將獖鹿、茹庫內附。十四年，立鹽井管民千戶。十七年，改爲閏鹽州，以獖鹿部爲普樂州，俱隸德平路。二十七年，併普樂、閏鹽二州爲閏鹽縣，立柏興府，隸羅羅宣慰司。領縣二：

閏鹽，下。倚郭。夷名爲賀頭甸，以縣境有鹽井故名。金縣。下。縣在府北，夷名利寶揭勒。所居蠻因茹庫，〔一九〕乃漢越巂郡北境，與土蕃接。至元十五年，立爲金州，後降爲縣，以縣境斛僰和山出金，故名焉。

臨安廣西元江等處宣慰司兼管軍萬戶府。

臨安路，下。唐隸牂州，天寶末沒於南詔。蒙氏立都督府二，其一曰通海郡，段氏改爲秀山郡，阿僰部蠻居之。元憲宗六年內附，以本部爲萬戶。至元八年改爲南路，十三年又改爲臨安路。領縣二、千戶一、州三。州領二縣。宣慰司所領屯田六百雙，本路有司所管三千四百雙，爨僰軍千戶所管一千一百五十雙有奇。

縣二

河西，下。縣在杞麓湖之南，夷名其地曰休臘。昔莊蹻王其地。唐初於姚州之南置西宗州，領三縣，河西其一也。天寶後沒於蠻，爲步雄部，後阿僰蠻易渠奪而居之。元憲宗六年內附。七年，即阿僰部立萬戶，休臘隸之。至元十三年，改爲河西州，隸臨安路。二十六年，降爲縣。蒙自。下。縣界南隣交趾，西近建水州。縣境有山名(自)〔目〕則，漢語訛爲蒙自，〔二〇〕上有故城，白夷所築，即今縣治，下臨巴甸。南詔時以趙氏鎮守，至段氏，阿僰蠻居之。憲宗六年內附，繼叛，七年平之，立千戶，隸阿僰萬戶。至元十三年，改阿僰萬戶爲臨安路，以本千戶爲縣。

捨資千戶。蒙自縣之東，阿僰蠻所居地。昔名褒古，又曰部嫋踵甸。傳至裔孫捨資，因以爲名。內附後，隸蒙自千戶。至元十三年，改蒙自爲縣，其地近交趾，遂以捨資爲安南道防送軍千戶，隸臨安路。

州三

建水州，下。在本路之南，近接交趾，爲雲南極邊。治故建水城，唐元和間蒙氏所築，古稱步頭，亦云巴甸。每秋夏溪水漲溢如海，夷謂海爲惠，𠠎爲大，故名惠𠠎，漢語曰建水。歷趙、楊、李、段數姓，皆仍舊名，些麼徒蠻所居。內附後，立千戶，隸阿僰萬戶。至元十三年，改建水州，隸臨安路。

石平州，〔二〕下。在路之西南，阿僰蠻據之，得石坪，聚爲居邑，名曰石坪。至元七年，改邑爲州，隸臨安路。

寧州，下。在本路之東。唐置（黎）〔棃〕州，〔三〕天寶末沒于蠻。地號浪曠，夷語謂旱龍也。步雄部蠻些麼徒據之，後屬爨蠻酋阿幾，以浪曠割與寧酋豆圭。元憲宗四年，寧酋內附。至元十三年，改爲寧州，隸臨安路。舊領三縣：通海，嶍峨，西沙。西沙在州東，寧部蠻世居之。其裔孫西沙築城於此，因名西沙籠。憲宗四年，其酋普提內附，就居此城爲萬戶。至元十三年，立爲西沙縣。二十六年，以隸寧州。至治二年，併入州。領二縣：

通海，下。倚郭。元初立通海千戶，隸善闡萬戶。至元十三年，改通海縣，隸寧海府。二十七年，府革，直隸臨安路，今割隸寧州。

嶍峨。下。縣在河西縣之西，控扼山谷，北接滇池，亦屬滇國。昔嶍猊蠻居之，後阿僰酋逐嶍猊據其地。至其孫阿次內附，以其部立千戶。至元十三年，改爲州，領卭洲、平甸二縣。二十六年，降爲縣，併二縣爲鄉，隸臨安路。今割隸寧州。

廣西路，下。東爨烏蠻彌鹿等部所居。唐爲羈縻州，隸黔州都督府。後師宗、彌勒二部浸盛，蒙氏、段氏莫能制。元憲宗七年，二部內附，隸落蒙萬戶。至元十二年，籍二部爲軍，立廣西路。十八年，復爲民。領州二。

師宗州，下。在路之東南。昔爨蠻逐獠、僰等居之，其後師宗據匿弄甸，故名師宗部。至元十二年，立爲千戶。十八年，復爲民。二十七年，改爲州。

彌勒州，下。在路南。昔些莫徒蠻之裔彌勒得郭甸、巴甸、部籠而居之，故名其部曰彌勒。至元十二年，爲千戶。十八年，復爲民。二十七年，改爲州。

元江路，下。古西南夷地。今元江在梁州之西南，又當在黑水之西南也。阿僰諸部蠻自昔據之。憲宗四年內附，七年復叛，率諸部築城以拒命。至元十三年，遙立元江府以羈縻之。二十五年，命雲南王討平之，割羅槃、馬籠、步日、思麼、羅丑、羅陀、步騰、步竭、台威、台陽、設栖、你陀十二部於威遠，立元江路。

步日部。在本路之西。蒙氏立此甸，徙白蠻鎮之，名步日瞼。

馬籠部。因馬籠山立寨，在本路之北，所居蠻阿僰。元初立爲千戶，屬寧州萬戶。至元十三年，改隸元江萬戶。二十五年，屬元江路。

大理金齒等處宣慰司都元帥府。

大理路軍民總管府，上。本漢楪榆縣地。唐於昆明之梇棟（州）〔川〕置姚州都督府，〔三〕治楪榆洱河蠻。後蒙舍詔皮羅閣逐河蠻取太和城，至閣羅鳳號大蒙國。雲南先有六詔，至是請於朝，求合爲一，從之。蒙舍在其南，故稱南詔。徙治太和城。至異牟尋又遷於喜郡史城，又徙居羊苴（乖）〔咩〕城，〔四〕卽今府治。改號大禮國。其後鄭、趙、楊三氏互相篡奪，至石晉時，段思平更號大理國。元憲宗三年收附。六年，立上下二萬戶。至元七年，併二萬戶爲大理路。有點蒼山在大理城西，周廣四百里，爲雲南形勝要害之地。城中有五花樓，唐大中十年，南詔王劵豐佑所建。樓方五里，高百尺，上可容萬人。世祖征大理時，駐兵樓前。至元三年，嘗賜金重修焉。領司一、縣一、府二、州五。府領一縣，州領二縣。

錄事司。憲宗七年，立中千戶，屬大理萬戶。至元十一年，罷千戶，立錄事司。十二年，升理州。二十一年，州罷，復立錄事司。

縣一

太和。倚郭。憲宗七年，於城內外立上中下三千戶。至元二十六年，卽中千戶立錄事司，上下二千戶立縣。

府二

永昌府，唐時蒙氏據其地，歷段氏、高氏皆爲永昌府。元憲宗七年，分永昌之永平立千戶。至元十一年，立永昌州。十五年升爲府，隸大理路。領一縣：

永平。下。縣在府東，鹿滄江之東，卽漢博平縣。〔二五〕唐蒙氏改勝鄉郡，屬永昌。至元十一年，改永平縣，隸永昌府。

騰衝府，在永昌之西，卽越睒地。唐置羈縻郡。蒙氏九世孫異牟尋取越睒，逐諸蠻有其地，爲軟化府。其後白蠻徙居之，改騰衝府。元憲宗三年，府酋高救內附。至元十一年，改藤越州，又立藤越縣。十四年，改騰衝府。二十五年，罷州縣，府如故。永昌、騰衝二府軍民屯田共二萬二千一百五雙。

州五

鄧川州，下。在本路北。夷有六詔，邆賧其一也。唐置邆川州，〔二六〕治大釐。蒙氏襲而奪之，後改德原城，隸大理。段氏因之。元憲宗三年內附。七年，立德原千戶，隸大理上萬戶。至元十一年，改德原城爲鄧川州。領一縣：

浪穹。下。本名彌茨，乃浪穹詔所居之地。唐初，其王鐸羅望與南詔戰，不勝，保劍川，更稱（浪劍）〔劍浪〕。貞元中，南詔破之，以浪穹、施浪、鄧賧總三浪爲浪穹州。元憲宗七年內附，立浪穹千戶，隸大理上萬戶。至元十一年降爲縣，隸鄧川州。

蒙化州，下。本蒙舍城。唐置陽瓜州。天寶間，鳳伽異爲州刺史。段氏爲開南縣。元憲宗七年，以蒙舍立千戶，屬大理上萬戶。至元十一年，立蒙化府。十四年，升爲路。二十年，降爲州，復隸大理路。

趙州，下。昔爲羅落蠻所居地。蒙氏立國，有十瞼，趙（州瞼）〔川瞼〕其一也。〔二七〕夷語瞼若州。皮羅閣置趙郡，閣羅鳳改爲州，段氏改天水郡。憲宗七年立趙瞼千戶，隸大理下萬戶。至元十一年改爲州，又於白崖瞼立建寧縣，隸本州，卽古勃弄地。二十五年縣革入州，隸大理路。

姚州，下。唐於梇棟川置姚州都督府。天寶間，閣羅鳳叛，取姚州，附吐蕃。終段氏爲姚州。元憲宗三年內附。七年，立統矢千戶、大姚堡千戶。至元十二年，罷統矢，立姚州，隸大理路。領一縣：

大姚。下。唐置西濮州，後更名髳州，南接姚州，統縣四，一曰青蛉，卽此地。夷名大姚堡，與梇棟川相接。元憲宗七年，立千戶，隸大理下萬戶。至元十一年，罷千戶，立大姚縣，隸姚州。

雲南州，下。唐以漢雲南縣置郡。蒙氏至段氏並爲雲南州。元憲宗七年立千戶，隸大理下萬戶。至元十一年，立雲南州。

蒙憐路軍民府。至元二十七年，從雲南行省請，以蒙憐甸爲蒙憐路軍民總管府，蒙萊甸爲蒙萊路軍民總管府。其餘闕。

蒙萊路軍民府。闕。

金齒等處宣撫司。其地在大理西南，蘭滄江界其東，與緬地接其西。土蠻凡八種：曰金齒，曰白夷，曰僰，曰峨昌，曰驃，曰繲，曰渠羅，曰比蘇。按唐史，茫施蠻本關南種，〔六〕在永昌之南，樓居，無城郭。或漆齒，或金齒，故俗呼金齒蠻。自漢開西南夷後，未嘗與中國通。唐南詔蒙氏興，異牟尋破羣蠻，盡虜其人以實其南東北，取其地，南至青石山緬界，悉屬大理。及段氏時，白夷諸蠻漸復故地，是後金齒諸蠻浸盛。元憲宗四年，平定大理，繼征白夷等蠻。中統初，金齒、白夷諸酋各遣子弟朝貢。二年，立安撫司以統之。至元八年，分金齒、白夷爲東西兩路安撫使。十二年，改西路爲建寧路，東路爲鎭康路。十五年，改安撫爲宣撫，立六路總管府。二十三年，罷兩路宣撫司，併入大理金齒等處宣撫司。

柔遠路，在大理之西，永昌之南。其地曰潞江，曰普坪瞼，曰申瞼僰寨，曰烏摩坪。僰蠻卽通典所謂黑爨也。中統初，僰酋阿八思入朝。至元十三年，與茫施、鎭康、鎭西、平緬、麓川俱立爲路，隸宣撫司。

茫施路，在柔遠路之南，瀘江之西。其地曰怒謀，曰大枯睒，曰小枯睒。卽唐史所謂茫施蠻也。中統初內附。至元十三年，立爲路，隸宣撫司。

鎭康路，在柔遠路之南，蘭江之西。其地曰石睒，亦黑僰所居。中統初內附。至元十三年，立爲路，隸宣撫司。

鎭西路，在柔遠路正西，東隔麓川。其地曰于賴賧，曰渠瀾賧，〔二九〕白夷蠻居之。中統初內附，至元十三年立爲路，隸宣撫司。

平緬路，北近柔遠路。其地曰驃賧，曰羅必四庄，曰小沙摩弄，曰驃賧頭，白夷居之。中統初內附，至元十三年立爲路，隸宣撫司。

麓川路，在茫施路東。〔三〇〕其地曰大布茫，曰賧頭附賽，曰賧中彈吉，曰賧尾福祿培，皆白夷所居。中統初內附，至元十三年立爲路，隸宣撫司。

南賧，在鎭西路西北。其地有阿賽賧、午眞賧，白夷、峨昌所居。元初內附，至元十五年隸宣撫司。金齒六路一賧，歲賦金銀各有差。

烏撒烏蒙宣慰司，在本部巴的甸。烏撒者蠻名也。其部在中慶東北七百五十里，舊名巴凡兀姑，今曰巴的甸，自昔烏雜蠻居之。今所轄部六，曰烏撒部、阿頭部、易溪部、易娘部、烏蒙部、閟畔部。其東西又有芒布、阿晟二部。後烏蠻之裔折怒始强大，盡得其地，因取遠祖烏撒爲部名。憲宗征大理，累招不降。至元十年始附。十三年，立烏撒路。十五年，爲軍民總管府。二十一年，改軍民宣撫司。二十四年，升烏撒烏（蠻）〔蒙〕宣慰司。〔三一〕

木連路軍民府。以下闕。

蒙光路軍民府。

木邦路軍民府。

孟定路軍民府。

謀粘路軍民府。

南甸軍民府。

六難路甸軍民府。

陋麻和管民官。

雲龍甸軍民府。

縹甸軍民府。

二十四寨達魯花赤。

孟隆路軍民府。

木朶路軍民總管府。至元三十年，以金齒木朶甸戶口增殖，立下路總管府，其爲長者給兩珠虎符。

金齒孟定各甸軍民官。

孟愛等甸軍民府。至元三十一年，金齒新附孟愛甸酋長遣其子來朝，卽其地立軍民總管府。

蒙兀路。

通西軍民總管府。大德元年，蒙陽甸酋領細吉納款，遣其弟阿不剌等赴闕進方物，且請歲貢銀千兩及置郡縣驛傳，遂立通西軍民府。

木來軍民府。至元二十九年，雲南省言：「新附金齒適當忙兀禿兒迷失出征軍馬之衝，資其芻糧，擬立爲木來路。」中書省奏置散府，以布伯爲達魯花赤，用其土人馬列知府事。

校勘記

〔一〕城東門內有石如羊形　讀史方輿紀要卷一一四有「又楊林山，在廢縣治東，羣峰屏列，山麓有石如羊，本名羊林」。道光本「東門內」作「東門外」。

〔二〕晉寧〔州〕　據下文「至元十二年，改晉寧州」補。本證已校。

〔三〕(背)〔昔〕吳氏所居　從北監本改。

〔四〕元憲宗七年隸陽城〔堡〕萬戶　上文晉寧〔州〕下有「元憲宗七年，立陽城堡萬戶」。據補。

〔五〕惟烏雜蠻居之　寰宇通志卷一一一、王圻續文獻通考卷二三一、讀史方輿紀要卷一一四皆作「烏僰蠻」。疑「雜」爲「僰」之誤。

〔六〕又名當筋驗　按新唐書卷二二二上南詔傳，「夷語瞼若州」。道光本「驗」作「瞼」，是。

〔七〕從治羊苴〔咩〕城　從道光本補。按新唐書卷二二二上南詔傳有「王都羊苴咩城」。

〔八〕遂保劍川更稱(浪劍)〔劍浪〕　按新唐書卷二二二中南詔傳，「更稱劍浪」。蠻書，鐸羅望「退保劍川，故盛稱劍浪」。據改正。下同。新元史已校。

〔九〕二十年升爲府　按本書卷一五世祖紀至元二十五年五月己亥條有「以北勝施州爲北勝府」。疑此處「年」上脫「五」。

〔一〇〕昔順蠻種居劍(川共)〔共川〕　按新唐書卷二二二上南詔傳，順蠻本與施蠻雜居劍、共諸川。據改正。

〔一一〕至段氏時置蘭溪郡　寰宇通志卷一一三、明一統志卷八七皆作「蘭滄郡」。上文有「在蘭滄水之東」。此處「溪」爲「滄」之誤。

〔一二〕曲靖等路宣慰司軍民萬戶府　按本書卷一六世祖紀至元二十八年二月己卯條有「以雲南曲靖路宣撫司所轄地廣，民心未安，改立曲靖等處宣慰司管軍萬戶府以鎮之」。又卷九一百官志，「曲靖等路」有「宣慰司兼管軍萬戶府」。又卷一〇〇兵志有「曲靖等處宣慰司兼管軍萬戶府」。此處「軍民」疑當作「管軍」。

〔一三〕麽些徒蠻步雄居之　按上文澂江路江川縣、下文臨安路寧州皆作「些麽徒」。此名明譯「撒摩都」。疑「麽些」二字倒誤。

〔一四〕羅羅蒙慶等處宣慰司都元帥府　按本書卷九一百官志，蒙慶等處宣慰使司都元府、羅羅斯宣慰使司兼管軍萬戶府係兩地兩署。前者在今雲南之南，後者在今四川。此處誤混爲一，當是錯簡。

〔一五〕唐初設中都〔督〕府治越巂　按舊唐書卷四二地理志，巂州，中都督府。據補。新元史已校。

〔一六〕與漢邛（部）〔都〕縣接境　按漢書卷二八上地理志，越巂郡，縣十五，有邛都。據改。

〔一七〕及段氏（與）〔興〕高氏專政　上文昆陽州下有「段氏興」句，又威楚開南等路下有「段氏興」、「高昇泰執大理國柄」。據改。新編已校。

〔一八〕漢爲定（笮）〔莋〕縣　漢書卷二八上地理志，越巂郡屬縣有定莋。後漢書志二三郡國志同。據改。

〔一九〕所居蠻因茹庫　按上文謂至元十年「其鹽井摩沙會羅羅將鹿鹿、茹庫內附」。「茹庫」爲族名，混一方輿勝覽、清類天文分野之書卷一四作「如庫」或「茹庫」。「所居蠻因茹庫」不通，新編改「因」作「曰」，疑是。

〔二〇〕縣境有山名（自）〔目〕則漢語訛爲蒙自　從道光本改。寰宇通志卷一一二，目則山，「在蒙自縣西三十里，卽蒙自山也，百里外舉目則見，因名」。讀史方輿紀要卷一一五，蒙自縣，「以目則山而名，漢語譌爲蒙自」。

〔二一〕石平州　按下文有「石坪」，疑「平」當作「坪」。

〔二二〕唐置（黎）〔棃〕州　按舊唐書卷四一地理志，黎州，武德七年析南寧州置西寧州。貞觀八年改爲黎州。又，黎州，雅州之漢源縣，大足元年割漢源、飛越二縣及巂州之陽山置黎州。新唐書卷四三下、卷四二地理志同。據改。按黎州在今雲南，黎州在今四川，相距甚遠。

〔二三〕唐於昆明之栟棟（州）〔川〕置姚州都督府　按舊唐書卷四一地理志，姚州，「麟德元年，移姚州治於弄棟川」。據改。新編已校。

〔二四〕羊苴（乖）〔咩〕城　見本卷校勘記〔七〕。

〔二五〕卽漢博平縣　按後漢書志二三郡國志，永昌郡，「博南永平中置」。本書卷六一地理志，蘭州，「漢永平中始通博南山道，渡蘭滄水，置博南縣」。此處「平」當作「南」。

〔二六〕唐置邆川州　按新唐書卷四三下地理志，邆備州，隸姚州都督府。此處「川」當作「備」。新編已校。

〔二七〕蒙氏立國有十賧趙（州賧）〔川賧〕其一也　新唐書卷二二二上南詔傳，「有十賧，夷語賧若州」。十賧中有邆川賧、趙川賧諸名。按寰宇通志卷一一一，「閣羅鳳改趙州」，「元立趙賧千戶所，至元間仍爲趙州」。趙州之下則不可再綴「賧」字，此處「州賧」爲「川賧」之誤，今改。

〔二八〕茫施蠻本關南種　按上文開南州下有「至蒙氏興，立銀生府，後爲金齒、白蠻所陷，移府治于威楚，開南遂爲生蠻所據」。此處「關南」疑爲「開南」之誤。

〔二九〕其地曰于賴賧曰渠瀾賧　按混一方輿勝覽，鎮西路下領乾崖賧、渠闌賧、大明賧。明一統志卷八七干崖宣撫司，「其地舊名干賴賧、曰渠瀾賧」。「于賴賧」當作「干賴賧」。

〔三〇〕麓川路在茫施路東　按寰宇通志卷一一三，「隴川宣撫司在雲南布政司西南二十六程」。又「芒市長官司在雲南布政司西南二十三程」。隴川宣撫司設在麓川，芒市長官司設在茫施，是麓川在茫施西。讀史方輿紀要有「隴川宣撫司東至芒市長官司界」。「芒市禦夷長官司東至鎮康州界，西、南俱至隴川宣撫司界」。亦云麓川在茫施西。疑此處「東」爲「西」之誤。

〔三一〕二十四年升烏撒烏（蠻）〔蒙〕宣慰司　按清類天文分野之書卷一四，「元至元十五年置烏蒙路、烏撒路總管二府。二十五年，置烏撒烏蒙等處宣慰司。」此處「蠻」字誤，今改。

元史卷六十二

志第十四

地理五

江浙等處行中書省，爲路三十、府一、州二，屬州二十六，屬縣一百四十三。本省陸站一百八十處，水站八十二處。

江南浙西道肅政廉訪司。

杭州路，上。唐初爲杭州，後改餘杭郡，又仍爲杭州。五代錢鏐據兩浙，號吳越國。宋高宗南渡，都之，爲臨安府。元至元十三年，平江南，立兩浙都督府，又改爲安撫司。十五年，改爲杭州路總管府。二十一年，自揚州遷江淮行省來治于杭，改曰江浙行省。本路戶三十六萬八百五十，口一百八十三萬四千七百一十。至元二十七年抄籍數。領司二、縣八、州一。

左、右錄事司。宋高宗建炎三年，遷都杭州，設九廂。元至元十四年，分爲四隅錄事司。泰定二年，併爲左右二錄事司。

縣八

錢塘，上。仁和，上。與錢塘分治城下。餘杭，中。臨安，中。新城，中。富陽，中。於潛，中。昌化。中。

州一

海寧州，中。唐以來爲鹽官縣。元元貞元年，以戶口繁多，升爲鹽官州。是年，升江南平陽等縣爲州，以戶爲差，戶至四萬五萬者爲下州，五萬至十萬者爲中州。凡爲中州者二十八，下州者十五。泰定四年，海圮鹽官。天曆二年，改海寧州。海寧東南皆濱巨海，自唐、宋常有水患，大德、延祐間亦嘗被其害。泰定四年春，其害尤甚，命都水少監張仲仁往治之，沿海三十餘里下石囤四十四萬三千三百有奇，木櫃四百七十餘，工役萬人。文宗卽位，水勢始平，乃罷役，故改曰海寧云。

湖州路，上。唐改吳興郡，又改湖州。宋改安吉州。至元十三年，升湖州路。戶二十五萬四千三百四十五。抄籍戶口數闕，用至順錢糧數。領司一、縣五、州一。

錄事司。舊設東西南北四廂。至元十三年，立總督四廂。十四年，改錄事司。

縣五

烏程，上。歸安，上。與烏程皆爲倚郭。安吉，中。德清，中。武康。中。

州一

長興州，中。唐爲綏州，又更名雉州，又爲長城縣。朱梁改曰長興。宋因之。元元貞元年，升爲州。

嘉興路，上。唐爲嘉興縣。石晉置秀州。宋爲嘉禾郡，又升嘉興府。戶四十二萬六千六百五十六，口二百二十四萬五千七百四十二。領司一、縣一、州二。

錄事司。舊置廂官，元初改爲兵馬司。至元十四年，置錄事司。

縣一

嘉興。上。倚郭。

州二

海鹽州，中。唐爲縣，宋因之。元元貞元年升州。

崇德州，中。石晉置，宋因之。元元貞元年升州。

平江路，上。唐初爲蘇州，又改吳郡，又仍爲蘇州。宋爲平江府。元至元十三年升平江路。戶四十六萬六千一百五十八，口二百四十三萬三千七百。領司一、縣二、州四。

錄事司。

縣二

吳縣，上。長洲。上。與吳縣並爲倚郭。

州四

崑山州，中。唐以來爲縣，元元貞元年升州。

常熟州，中。唐以來爲縣，元元貞元年升州。

吳江州，中。唐以來爲縣，元元貞元年升州。

嘉定州，中。本崑山縣地，宋置縣，元元貞元年升州。

常州路，上。唐初爲常州，又改晉陵郡，又復爲常州，宋因之。元至元十四年升爲路。戶二十萬九千七百三十二，口一百二萬一十一。領司一、縣二、州二。

錄事司。

縣二

晉陵，中。倚郭。武進。中。倚郭。

州二

宜興州，中。唐義興縣。宋改義爲宜。〔元〕至元十五年，升宜興府。二十年，仍爲縣。二十一年，復升爲府，仍置宜興縣以隸之。(元)元貞元年，府縣俱廢，〔一〕止立宜興州。

無錫州，中。唐無錫縣。元元貞元年升州。

鎭江路，下。唐潤州，又改丹陽郡，又爲鎭海軍。宋爲鎭江府。元至元十三年，升爲鎭江路。戶一十萬三千三百一十五，口六十二萬三千六百四十四。領司一、縣三。

錄事司。

縣三

丹徒，中。倚郭。丹陽，中。金壇。中。

建德路，上。唐睦州，又爲嚴州，又改新定郡。宋爲建德軍，又爲遂安軍，後升建德府。元至元十三年，改建德府安撫司。十四年，改建德路。戶一十萬三千四百八十一，口五十萬四千二百六十四。領司一、縣六。

錄事司。

縣六

建德，中。倚郭。淳安，中。遂安，下。桐廬，中。分水，中。壽昌。中。

松江府，唐爲蘇州屬邑。宋爲秀州屬邑。元至元十四年，升爲華亭府。十五年，改松江府，仍置華亭縣以隸之。戶一十六萬三千九百三十一。至順錢糧數。領縣二：

華亭，上。倚郭。上海。上。本華亭縣地，至元二十七年，以戶口繁多，置上海縣，屬松江府。

江陰州，上。唐初爲暨州，後爲江陰縣，隸常州。宋爲軍。元至元十二年，依舊置軍，行安撫司事。十四年，升爲江陰路總管府，今降爲江陰州。戶五萬三千八百二十一，口三十萬一百七十七。

浙東道宣慰司都元帥府。元治婺州，大德六年移治慶元。

慶元路，上。唐爲鄞州，又爲明州，又爲餘姚郡。宋升慶元府。元至元十三年，改置宣慰司。十四年，改爲慶元路總管府。戶二十四萬一千四百五十七，口五十一萬一千一百一十三。領司一、縣四、州二。

錄事司。

縣四

鄞縣，上。倚郭。象山，中。慈溪，中。定海。中。

州二

奉化州，下。唐析鄮縣地置奉化縣，隸明州。元元貞元年，升爲奉化州，隸慶元。

昌國州，下。宋置昌國縣。元至元十四年，升爲州，仍置昌國縣以隸之。後止立昌國州，隸慶元。

衢州路，上。本太末地，唐析婺州之西境置衢州，又改信安郡，又改爲衢州。元至元十三年，改衢州路總管府。戶一十萬八千五百六十七，口五十四萬三千六百六十。領司一、縣五。

錄事司。

縣五

西安，中。倚郭。龍游，上。江山，下。常山，下。宋改信安，今復舊名。開化。中。

浙東海右道肅政廉訪司。

婺州路，上。唐初爲婺州，又改東陽郡。宋爲保寧軍。元至元十三年，改婺州路。戶二十二萬一千一百一十八，口一百七萬七千五百四十。領司一、縣六、州一。

錄事司。

縣六

金華，上。倚郭。東陽，上。義烏，上。永康，中。武義，中。浦江。中。

州一

蘭溪州，下。本金華之西部三河戍，唐析置蘭溪縣，宋因之。元元貞元年，升州。

紹興路，上。唐初爲越州，又改會稽郡，又仍爲越州。宋爲紹興府。元至元十三年，改紹興路。戶一十五萬一千二百三十四，口五十二萬一千五百八十八。領司一、縣六、州二。

錄事司。

縣六

山陰，上。會稽，中。與山陰俱倚郭。有會稽山爲南鎮。上虞，上。蕭山，中。嵊縣，上。新昌。中。

州二

餘姚州，下。唐餘姚縣，宋因之。元元貞元年，升州。

諸暨州，下。宋諸暨縣。元元貞元年，升州。

溫州路，上。唐初爲東嘉州，又改永嘉郡，又爲溫州。宋升瑞安府。元至元十三年，置溫州路。戶一十八萬七千四百三，口四十九萬七千八百四十八。領司一、縣二、州二。

錄事司。

縣二

永嘉，上。倚郭。樂淸。下。

州二

瑞安州，下。唐瑞安縣，宋因之。元元貞元年，升州。

平陽州，下。唐平陽縣，宋因之。元元貞元年，升州。

台州路，上。唐初爲海州，復改台州，又改臨海郡，又爲德化軍，宋因之。元至元十三年，置安撫司。十四年，改台州路總管府。戶一十九萬六千四百一十五，口一百萬三千八百三十三。領司一、縣四、州一。

錄事司。

縣四

臨海，上。倚郭。仙居，上。寧海，上。天台。中。

州一

黃巖州，下。唐爲縣，宋因之。元元貞元年，升州。

處州路，上。唐初爲括州，又改縉雲郡，又爲處州，宋因之。元至元十三年，立處州路總管府。戶一十三萬二千七百五十四，口四十九萬三千六百九十二。領司一、縣七。

錄事司。

縣七

麗水，中。倚郭。龍泉，中。松陽，中。遂昌，中。青田，中。縉雲，中。慶元。中。

江東建康道肅政廉訪司。

寧國路，上。唐爲宣州，又爲宣城郡，又升寧國軍。宋升寧國府。元至元十四年，升寧國路總管府。戶二十三萬二千五百三十八，口一百一十六萬二千六百九十。領司一、縣六。

錄事司。舊立四廂，元至元十四年，廢四廂創立。

縣六

宣城，上。倚郭。南陵，中。涇縣，寧國，中。旌德，中。太平。中。

徽州路，上。唐歙州。宋改徽州。元至元十四年，升徽州路。戶一十五萬七千四百七十一，口八十二萬四千三百四。領司一、縣五、州一。

錄事司。舊設四廂，至元十四年改置。

縣五

歙縣，上。倚郭。休寧，中。祁門，中。黟縣，下。績溪。中。

州一

婺源州，下。本休寧縣之回玉鄉，唐析之置婺源縣。元元貞元年，升州。

饒州路，上。唐改鄱陽郡，仍改饒州，宋因之。元至元十四年，升饒州路總管府。戶六十八萬二百三十五，口四百三萬六千五百七十。領司一、縣三、州三。

錄事司。舊設三廂，至元十四年改立。

縣三

鄱陽，上。倚郭。德興，上。安仁。中。

州三

餘干州，中。唐以來爲縣，元元貞元年，升州。

浮梁州，中。唐以來爲縣，元元貞元年，升州。

樂平州，中。唐以來爲縣，元元貞元年，升州。

江南諸道行御史臺。

集慶路，上。唐武德初，置揚州東南道行臺尚書省。後復爲蔣州，罷行臺，移揚州江都，改金陵曰白下，以其地隸潤州。貞觀中，更白下曰江寧。至德中，置江寧郡。乾元中，改昇州。其後楊氏有其地，改爲金陵府。南唐李氏又改爲江寧府。宋平南唐，復爲昇州。仁宗以昇王建國，升建康軍。高宗改建康府，建行都，又爲沿江制置司治所。元至元十二年歸附。十四年，升建康路。初立行御史臺于揚州，既而徙杭州，又徙江州，又還杭州；二十三年，自杭州徙治建康。天曆二年，以文宗潛邸，改建康路爲集慶路。戶二十一萬四千五百三十八，口一百七萬二千六百九十。領司一、縣三、州二。

錄事司。

縣三

上元，中。倚郭。江寧，中。倚郭。句容。中。

州二

溧水州，中。唐以來皆爲縣，元元貞元年，升州。

溧陽州，中。唐以來並爲縣，元至元十六年，升爲溧陽路。二十七年，復降爲縣，後復升爲州。

太平路，下。唐置南豫州。宋爲太平州。至元十四年，升爲太平路。戶七萬六千二百二，口四十四萬六千三百七十一。領司一、縣三。

錄事司。舊設四廂，至元十四年改立。

縣三

當塗，中。倚郭。蕪湖，中。繁昌。下。

池州路，下。唐於秋浦縣置池州，後廢，以縣隸宣州，未幾復置。宋仍爲池州。元至元十四年，升爲路。戶六萬八千五百四十七，口三十六萬六千五百六十七。領司一、縣六。

錄事司。

縣六

貴池，下。倚郭。卽秋浦縣，吳改爲貴池。青陽，下。建德，下。銅陵，下。石埭，中。東流。下。

信州路，上。唐乾元以前，爲衢、饒、撫、建四州之地。乾元元年，始割衢之玉山、常山，饒之弋陽及撫、建二州之地置信州。宋因之。元至元十四年，升爲路。戶一十三萬二千二百九十，口六十六萬二千二百五十八。領司一、縣五。

錄事司。

縣五

上饒，上。倚郭。玉山，中。弋陽，中。貴溪，中。永豐。中。

廣德路，下。唐初，以綏安縣置桃州，後廢州，改綏安爲廣德縣。宋爲廣德軍。元至元十四年，升爲路。戶五萬六千五百一十三，口三十三萬九千七百八十。領司一、縣二。

錄事司。

縣二

廣德，中。倚郭。建平。中。

鉛山州，中。本建、撫二州之地，山產銅鉛。後唐析上饒、弋陽五鄉爲銅場，繼升爲縣，〔三〕屬信州。宋因之。元至元二十九年，割上饒之乾元、永樂二鄉，弋陽之新政、善政二鄉來屬，升爲鉛山州，直隸行省。戶二萬六千三十五。至順錢糧數。

福建道宣慰使司都元帥府。大德元年立。

福建閩海道肅政廉訪司。

福州路，上。唐爲閩州，後改福州，又爲長樂郡，又爲威武軍。宋爲福建路。元至元十五年，爲福州路。十八年，遷泉州行省於本州。十九年，復還泉州。二十年，仍遷本州。二十二年，併入杭州。戶七十九萬九千六百九十四，口三百八十七萬五千一百二十七。領司一、縣九、州二。州領二縣。

錄事司。至元十五年，行中書省於在城十二廂分四隅，置錄事司。十六年，併其二，置東西二司。二十年，復併爲一。

縣九

閩縣，中。倚郭。候官，中。倚郭。懷安，中。古田，上。閩清，中。長樂，中。連江，中。羅源，中。永福。中。

州二

福清州，下。唐析長樂八鄉置萬安縣，又改福唐，又改福清。元元貞元年，升爲州。

福寧州，上。唐長溪縣，元升爲福寧州。領二縣：

寧德，中。福安。中。

建寧路，下。唐初爲建州，又改建安郡。宋升建寧軍。元至元二十六年，升爲路。〔三〕戶一十二萬七千二百五十四，口五十萬六千九百二十六。領司一、縣七。

錄事司。

縣七

建安，中。甌寧，中。與建安俱倚郭。浦城，中。建陽，中。崇安，中。松溪，下。政和。下。

泉州路，上。唐置武榮州，又改泉州。宋爲平海軍。元至元十四年，立行宣慰司，兼行征南元帥府事。十五年，改宣慰司爲行中書省，升泉州路總管府。十八年，遷行省於福州路。十九年，復還泉州。二十年，仍遷福州路。戶八萬九千六十，口四十五萬五千五百四十五。領司一、縣七。

錄事司。至元十五年，立南北二司。十六年，併爲一。

縣七

晉江，中。倚郭。南安，中。惠安，下。同安，下。永春，下。安溪，下。德化。下。

興化路，下。宋置太平軍，又改興化軍，先治興化，後遷莆田。元至元十四年，升興化路。戶六萬七千七百三十九，口三十五萬二千五百三十四。領司一、縣三。

錄事司。

縣三

莆田，中。宋置興化軍，遷治莆田。元至元十三年，割左右二廂屬錄事司，縣如故。仙游，下。興化。下。軍治元在此，後移於莆田，此縣爲屬邑。

邵武路，下。唐邵武縣，屬建州。宋置邵武軍。元至元十三年，爲邵武路。戶六萬四千一百二十七，口二十四萬八千七百六十一。領司一、縣四。

錄事司。

縣四

邵武，中。倚郭。光澤，中。泰寧，中。建寧。中。

延平路，下。五代爲延平鎭，王延政始以鎭爲鐔州。南唐置劍州。宋以利州路亦有劍州，乃稱此爲南劍州。元至元十五年，升南劍路，後改延平路。戶八萬九千八百二十五，口四十三萬五千八百六十九。領司一、縣五。

錄事司。

縣五

南平，中。倚郭。尤溪，中。沙縣，中。順昌，中。將樂。中。

汀州路，下。唐開福、撫二州山洞置州，治新羅，後改臨汀郡，又仍爲汀州。宋隸福建路。元至元十五年，升爲汀州路。戶四萬一千四百二十三，口二十三萬八千一百二十七。領司一、縣六。本路屯田二百二十五頃。

錄事司。

縣六

長汀，中。倚郭。寧化，中。清流，下。蓮城，下。上杭，下。武平。下。

漳州路，下。唐析閩州西南境置，後改漳浦郡，又復爲漳州。宋因之。元至元十六年，升漳州路。戶二萬一千六百九十五，口一十萬一千三百六。領司一、縣五。本路屯田二百五十頃。

錄事司。

縣五

龍溪，下。倚郭。漳浦，下。龍巖，下。長泰，下。南靖。下。本南勝，改今名。

江西等處行中書省，爲路一十八、州九，屬州十三，屬縣七十八。本省馬站八十五處，水站六十九處。

江西湖東道肅政廉訪司。

龍興路，上。唐初爲洪州，又爲豫章郡，又仍爲洪州。宋升隆興府。元至元十二年，設行都元帥府及安撫司，仍領南昌、新建、豐城、進賢、奉新、靖安、分寧、武寧八縣，置錄事司。十四年，改元帥府爲江西道宣慰司、本路爲總管府，立行中書省。十五年，立江西湖東道提刑按察司，移省於贛州。十六年，復還(龍)〔隆〕興。〔四〕十七年，併入福建行省，止立宣慰司。十九年復立，罷宣慰司，隸皇太子位。二十一年，改隆興府爲龍興。二十三年，豐城縣升富州，武寧縣置寧州，領武寧、分寧二縣。大德(五)〔八〕年，以分寧縣置寧州，武寧縣隸龍興路。〔五〕戶三十七萬一千四百三十六，口一百四十八萬五千七百四十四。至元二十七年抄籍數。

領司一、縣六、州二。

錄事司。宋以南昌、新建二縣分置九廂。元至元十三年，廢城內六廂，置錄事司。

縣六

南昌，上。倚郭。至元二十年，割錄事司所領城外二廂、東南兩關來屬。新建，上。倚郭。進賢，中。奉新，中。靖安，中。武寧。中。至元二十三年，置寧州，縣爲倚郭。大德八年，於分寧縣置寧州，武寧直隸本路。

州二

富州，上。本富城縣，又曰豐城。唐自豐水之西徙治章水東，即今治所。宋屬隆興府。元至元十九年，隸皇太子位。二十三年，升爲富州。

寧州，中。唐分寧縣。宋因之。元至元二十三年，於武寧縣置寧州，(分)〔武〕寧爲倚郭縣。〔六〕大德八年，割武寧直隸本路，遂徙州治於分寧。

吉安路，上。唐爲吉州，又爲廬陵郡。宋升爲上州。元至元十四年，升吉州路總管府，置錄事司，領一司、八縣。元貞元年，吉水、安福、太和、永新四縣升州，改吉州爲吉安路。〔七〕戶四十四萬四千八十三，口二百二十二萬四百一十五。領司一、縣五、州四。大德二年，吉、贛立屯田。

錄事司。

縣五

廬陵，上。倚郭。永豐，上。萬安，中。龍泉，中。永寧。下。至順間，分永新州立。

州四

吉水州，中。舊爲縣。元元貞元年，升州。

安福州，中。唐初以縣置潁州，後廢，復爲縣。元元貞元年，升州。

太和州，下。唐初置南平州，後廢爲縣。元元貞元年，升州。

永新州，下。唐爲縣。元元貞元年，升州。

瑞州路，上。唐改建成縣曰高安，卽其地置靖州，又改筠州。宋爲高安郡，又改瑞州。元至元十四年，升瑞州路，領一司、三縣。元貞元年，升新昌縣爲州。戶一十四萬四千五百七十二，口七十二萬二千三百二。領司一、縣二、州一。

錄事司。至元十四年始立。

縣二

高安，上。倚郭。上高。中。

州一

新昌州，下。唐爲建成縣，屬靖州，後省入高安。宋割高安、上高二縣地，升鹽步鎮爲新昌縣。元元貞元年，升州。

袁州路，上。唐爲袁州，又爲宜春郡。元至元十三年，〔置〕安撫司。〔八〕十四年，改總管府，領四縣，設錄事司，隸湖南行省。十九年，升路，隸江西行省。元貞元年，萍鄉縣升州。戶一十九萬八千五百六十三，口九十九萬二千八百一十五。領司一、縣三、州一。

錄事司。至元十三年，設兵馬司。十四年，改錄事司。

縣三

宜春，上。倚郭。分宜，上。萬載。中。

州一

萍鄉州，中。本爲縣。元貞元年，升州。

臨江路，上。唐改建成爲高安，而蕭灘鎮實高安境內。南唐升鎮爲淸江縣，屬洪州，後又屬筠州。宋卽淸江縣置臨江軍，隸江南西道。元至元十三年，隸江西行都元帥府。十四年，改臨江路總管府。元貞元年，新淦、新喻二縣升州。戶一十五萬八千三百四十八，口七十九萬一千七百四十。領司一、縣一、州二。

錄事司。宋隸都監司。元至元十三年，設兵馬司。十五年，改錄事司。

縣一

清江。上。宋郎縣治置臨江軍。元至元十四年，升軍爲路，而縣爲倚郭。

州二

新淦州，中。唐以來爲縣。元元貞元年，升州。

新喻州，中。唐以來爲縣。元元貞元年，升州。

撫州路，上。唐初爲撫州，又爲臨川郡，又仍爲撫州。元至元十二年，復爲撫州。十四年，升撫州路總管府。戶二十一萬八千四百五十五，口一百九萬二千二百七十五。領司一、縣五。

錄事司。至元十四年，廢宋三廂立。

縣五

臨川，上。崇仁，上。金溪，上。宜黃，中。樂安。中。

江州路，下。唐初爲江州，又改（尋）〔潯〕陽郡，〔九〕又仍爲江州。宋爲定（海）〔江〕軍。〔一〇〕元至元十二年，置江東西宣撫司。十三年，改爲江西大都督府，隸揚州行省。十四年，罷都督府，升江州路，隸龍興行都元帥府，後置行中書省，江州直隸焉。十六年，隸黃蘄等路宣慰司。二十二年，復隸行省。戶八萬三千九百七十七，口五十萬三千八百五十二。領司一、縣五。

錄事司。宋隸都監司。元至元十二年，設兵馬司。十四年，置錄事司。

縣五

德化，中。唐潯陽縣。瑞昌，中。彭澤，中。湖口，中。德安。中。

南康路，下。唐屬江州。宋置南康軍，治星子縣。元至元十四年，升南康路，隸江淮行省。二十二年，割屬江西，領一司、三縣。戶九萬五千六百七十八，口四十七萬八千三百九十。領司一、縣二、州一。

錄事司。

縣二

星子，下。南康治所。都昌。上。

州一

建昌州，下。唐初置南昌州，後廢，屬洪州。宋屬南康軍。元元貞元年，升州。

贛州路，上。唐初爲虔州，又爲南康郡，又仍爲虔州。宋改贛州。元至元十四年，升贛州路總管府。十五年，設錄事司，領一司、十縣，隸江西省。二十四年，併龍南入信豐，安遠入會昌。大德元年，寧都、會昌二縣升州，割瑞金隸會昌。至大三年，復置龍南、安遠二縣，屬寧都。戶七萬一千二百八十七，口二十八萬五千一百四十八。領司一、縣五、州二。州領三縣。本路屯田五百二十餘頃。

錄事司。

縣五

贛縣，上。州治所。興國，中。信豐，下。雩都，下。石城。下。

州二

寧都州，下。唐爲縣。元大德元年，升寧都州。領二縣：

龍南，下。至元二十四年，併入信豐縣。至大三年復置。安遠。下。至元二十四年，省入會昌縣。至大三年復置。

會昌州，下。本雩都地。唐屬虔州。宋升縣之九州鎭爲會昌縣，復升爲軍。元大德元年，升會昌州。領一縣：

瑞金。下。舊屬虔州，大德元年來屬。

建昌路，下。本南城縣，屬撫州。南唐升建武軍。宋升建昌軍。元至元十四年，改建昌路總管府，割南城置錄事司。十九年，南豐縣升州，直隸行省。戶九萬二千二百二十三，口五十五萬三千三百三十八。領司一、縣三。

錄事司。至元十四年立。

縣三

南城，上。新城，中。廣昌。中。

南安路，下。唐升大庾鎮爲縣，屬虔州。宋以縣置南安軍。元至元十四年，改南安路總管府。十五年，割大庾縣在城四坊，設錄事司。十六年，廢錄事司。戶五萬六百一十一，口三十萬三千六百六十六。領縣三：

大庾，中。倚郭。南康，中。上猶。下。南唐爲上猶。宋改南安。至元十六年，改永清，後復爲上猶。

南豐州，下。唐爲南豐縣，隸撫州。宋改隸建昌軍。元至元十九年，升爲州，直隸行省。戶二萬五千七十八，口一十二萬八千九百。

廣東道宣慰使司都元帥府。

海北廣東道肅政廉訪司。

廣州路，上。唐以廣州爲嶺南五府節度五管經略使治所，又改南海郡，又仍爲廣州。宋升爲帥府。元至元十三年內附，後又叛。十五年克之，立廣東道宣慰司，立總管府幷錄事司。元領八縣，而懷集一縣割屬賀州。戶一十七萬二百一十六，口一百二萬一千二百九十六。領司一、縣七。

錄事司。至元十六年立，以州之東城、西城、子城幷番禺、南海二縣在城民戶隸之。

縣七

南海，中。番禺，下。與南海俱倚郭。東莞，中。增城，中。香山，下。新會，下。清遠。

韶州路，下。唐初爲番州，又更名東衡州，又改韶州，又爲始興郡，又仍爲韶州。元至元十三年內附，未幾廣人叛，十五年始定，立總管府，設錄事司。戶一萬九千五百八十四，口一十七萬六千二百五十六。領司一、縣四。

錄事司。

縣四

曲江，中。元初分縣城西廂地及城外三廂，屬錄事司。樂昌，下。仁化，下。乳源。下。

惠州路，下。唐循州。宋改惠州，又改博羅郡，又復爲惠州。元至元十六年，改惠州路總管府。戶一萬九千八百三，口九萬九千一十五。領縣四：

歸善，下。倚郭。博羅，下。海豐，下。河源。下。

南雄路，下。本始興縣。唐初屬韶州。五代劉氏割韶之湞昌、始興二縣置雄州。宋以河北有雄州，改爲南雄州。元至元十五年，改南雄路總管府。戶一萬七百九十二，口五萬三千九百六十。領縣二：

保昌，下。本湞昌，宋改今名。始興。下。

潮州路，下。唐初爲潮州，又改潮陽郡，又復爲潮州。元至元十五年歸附。十六年，改爲總管府，以孟招討鎮守，未幾移鎮漳州，土豪各據其地。二十一年，廣東道宣慰使月的迷失以兵來招諭。二十三年，復爲江西等處行樞密院副使兼廣東道宣慰使以鎮之，始定。戶六萬三千六百五十，口四十四萬五千五百五十。領司一、縣三。

錄事司。至元二十二年始立。

縣三

海陽，下。倚郭。潮陽，下。揭陽。下。

德慶路，下。唐初爲南康州，又名康州，又改晉康郡。宋升德慶府。元至元十三年，徇廣東，既取廣州，而德慶未下。十四年，廣西宣慰司以兵取之，改隸廣西道。十七年，立德慶路總管府，後仍屬廣東道。戶一萬三千七百五，口三萬二千九百九十七。領縣二：

端溪，下。瀧水。下。

肇慶路，下。唐初爲端州，又改高要郡，又仍爲端州。宋升肇慶府。元至元十三年，徇廣東，惟肇慶未附。十六年，廣南西道宣慰司定之，因隸廣西。十七年，改爲下路總管府，仍屬廣東。〔二〕戶三萬三千三百三十八，口五萬五千四百二十九。領縣二：

高要，中。倚郭。四會。中。

英德州，下。唐湞州。五代南漢爲英州。宋升英德府。元至元十三年歸附。十五年，立英德路總管府。二十三年，降爲散州。大德（五）〔四〕年，復爲路。〔三〕本州素爲寇盜淵藪。大德四年，達魯花赤脫歡察兒此歲招降羣盜至二千餘戶，遂升英德爲路，命脫歡察兒爲達魯花赤兼萬戶以鎭之。至大元年，復降爲州。領縣一：

翁源。大德五年置。

梅州，下。唐爲程鄉縣，屬潮州。五代南漢置敬州。宋改梅州。元至元十三年歸附。十六年，置總管府。二十三年，改爲散州。戶二千四百七十八，口一萬四千八百六十五。領縣一：

程鄉。

南恩州，下。唐恩州，又爲齊安郡。宋改南恩州。元至元十三年置南恩路總管府，十九年降爲散州。戶一萬九千三百七十三，口九萬六千八百六十五。領縣二：

陽江，下。陽春。下。

封州，下。唐改爲臨封郡，後復爲封州。元至元十三年歸附。明年，廣人叛，廣西宣慰司以兵定之，遂隸西道。十六年，立封州路總管府，後又降爲散州，仍屬東道。戶二千七十七，口一萬七百四十二。領縣二：

封川，下。開建。下。

新州，下。唐改爲新昌郡，後復爲新州。元至元十六年，置新州路總管府。十九年，降爲散州。戶一萬一千三百一十六，口六萬七千八百九十六。領縣一：

新興。下。

桂陽州，下。本桂陽縣，唐、宋因之。元至元十三年內附。十九年，升桂陽縣爲散州，割連州陽山縣來屬，爲蒙古䚟忽都虎郡王分地，元隸湖南道宣慰司，後隸廣東道。戶六千三百五十六，口二萬五千六百五十五。領縣一：

陽山。下。唐屬連州，宋因之。至元十九年割以來屬。

連州，下。唐改連山郡，復改連州。元至元十三年，置安撫司，直隸行中書省。十七年，廢安撫司，升爲連州路總管府，隸湖南道宣慰司。十九年，降爲散州，隸廣東道。戶四千一百五十四，口七千一百四十一。領縣一：

連山。下。

循州，下。唐改爲海豐郡，仍改循州。宋爲博羅郡。元至元十三年，立總管府。二十三年，降爲散州。戶一千六百五十八，口八千二百九十。領縣三：

龍川，下。興寧，下。長樂。下。

校勘記

〔一〕〔元〕至元十五年升宜興府至〔元〕元貞元年府縣俱廢　「元」字錯倒，今改正。新編已校。

〔二〕後唐析上饒弋陽五鄉爲銅場繼升爲縣　按太平寰宇記卷一〇七，鉛山縣，唐昇元四年，於上饒、弋陽二縣，析以爲場，後昇爲縣。昇元爲南唐年號。「後唐」當作「南唐」。

〔三〕元至元二十六年升爲路　本書卷一〇世祖紀至元十六年十二月丁酉條有「改惠州、建寧、梧州、柳州、象州、邕州、慶遠、賓州、横州、容州、潯州并爲路」。又卷一一世祖紀至元十七年十二月丙申條有「改建寧、雷州、封州、廉州、化州、高州爲路」。紀兩次記建寧改爲路，一作十六年，一作十七年，此處「二」字當衍。本證已校。

〔四〕十六年復還〔龍〕〔隆〕興　本書卷一〇世祖紀至元十六年正月甲寅條有「敕移贛州行省還隆興」。據改。下文有「二十一年，改隆興府爲龍興」，證十六年當作「隆興」。本證已校。

〔五〕大德（五）〔八〕年以分寧縣置寧州武寧縣隸龍興路　本書卷二一成宗紀大德八年三月庚辰條有「陞分寧縣爲寧州」。又本志下文武寧，「大德八年，於分寧縣置寧州，武寧直隸本路」。又寧州，「大德八年，割武寧直隸本路，遂徙州治于分寧」。據改。

〔六〕元至元二十三年於武寧縣置寧州（分）〔武〕寧爲倚郭縣　本書卷一四世祖紀至元二十三年正月丁酉條有「陞龍興武寧縣爲寧州，以分寧隸之」。又本志上文，「武寧。中。至元二十三年，置寧州，縣爲倚郭」。考異云：「案大德八年，分寧始爲倚郭縣，至元置州之始，武寧爲倚郭，非分寧也。」從改。

〔七〕元貞元年吉水安福太和永新四縣升州改吉州爲吉安路　本書卷二四仁宗紀皇慶元年二月辛未條有改「吉州路爲吉安路」。此處「改吉州」上疑脫「皇慶元年」四字。

〔八〕〔置〕安撫司　原空闕，從北監本補。

〔九〕唐初爲江州又改（尋）〔潯〕陽郡　從殿本改。

〔一〇〕宋爲定（海）〔江〕軍　從道光本改。按宋史卷八八地理志，江州，建炎元年，升定江軍節度。輿地紀勝卷三〇，江州，「本朝升爲定江軍節度」。

〔一一〕十七年改爲下路總管府仍屬廣東　本書卷一七世祖紀至元二十九年六月壬申條有「江西省臣言：『肇慶、德慶二路，封、連二州，宋時隸廣東，今隸廣西不便，請復隸廣東。』從之」。按十七年改爲下路總管府，至二十九年仍屬廣東。本志上文德慶路，「十七年，立德慶路總管府，後仍屬廣東道」。此處「仍屬廣東」上當有脫文。本證已校。

〔一二〕大德（五）〔四〕年復爲路　本書卷二〇成宗紀大德四年九月壬戌條有「廣東英德州達魯花赤脫歡察而招降羣盜二千餘戶，陞英德州爲路」。下文注亦作「大德四年」。據改。本證已校。

元史卷六十三

志第十五

地理六

湖廣等處行中書省，爲路三十、州十三、府三、安撫司十五、軍三，屬府三，屬州十七，屬縣一百五十，管番民總管一。本省(六)〔陸〕站一百處，水站七十三處。〔一〕

江南湖北道肅政廉訪司。

武昌路，上。唐初爲鄂州，又改江夏郡，又升武昌軍。宋爲荆湖北路。元憲宗末年，世祖南伐，自黄州陽羅洑，横橋梁，貫鐵鎖，至鄂州之白鹿磯，大兵畢渡，進薄城下，圍之數月，既而解去，歸即大位。至元十一年，丞相伯顔從陽羅洑南渡，權州事張晏然以城降，自是湖北州郡悉下。是年，立荆湖等路行中書省，并本道安撫司。十三年，設錄事司。十四年，立湖北宣慰司，改安撫司爲鄂州路總管府，併鄂州行省入潭州行省。十八年，遷潭州行省於鄂州，移宣慰司于潭州。十九年，隨省處例罷宣慰司，本路隸行省。大德五年，以鄂州首來歸附，又世祖親征之地，改武昌路。戶一十一萬四千六百三十二，口六十一萬七千一百一十八。至元二十七年抄籍數。領司一、縣七。

錄事司。

縣七

江夏，中。倚郭。咸寧，下。嘉魚，下。蒲圻，中。崇陽，中。通城，中。武昌。下。宋升壽昌軍，以其爲江西衝要地也。元因之。至元十四年，升散府，治本縣。後革府，以縣屬本路。戶一萬五千八百五，口六萬四千五百九十八。

岳州路，上。唐巴州，又改岳州。宋爲岳陽軍。元至元十二年歸附。十三年，立岳州路總管府。戶一十三萬七千五百八，口七十八萬七千七百四十三。領司一、縣三、州一。

錄事司。

縣三

巴陵，上。倚郭。臨湘，中。華容。中。

州一

平江州，下。唐平江縣，〔一〕宋因之。元元貞元年，升州。

常德路，上。唐朗州。宋常德府。元至元十二年，置常德府安撫司。十四年，改爲總管府。戶二十萬六千四百二十五，口一百二萬六千四十二。領司一、縣一、州二。州領一縣。

錄事司。

縣一

武陵。上。

州二

桃源州，中。宋置縣，元元貞元年，升州。

龍陽州，下。宋辰陽縣，元元貞元年，升州。領一縣：

沅江。下。本屬朗州。後來屬。

澧州路，上。唐改澧陽郡，復改澧州。元至元十二年，立安撫司。十四年，改澧州路總管府。戶二十萬九千九百八十九，口一百一十一萬一千五百四十三。領司一、縣三、州二。

錄事司。

縣三

澧陽，上。倚郭。石門，上。安鄉。下。

州二

慈利州，中。唐、宋皆爲縣，元元貞元年，升州。

柿溪州。下。

辰州路，下。唐改(唐)〔盧〕溪郡，〔三〕復改辰州。宋因之。元改辰州路。戶八萬三千二百二十三，口一十一萬五千九百四十五。領縣四：

沅陵，中。辰溪，下。盧溪。下。敘浦。下。

沅州路，下。唐巫州，又改沅州，又爲潭陽郡，又改敘州。宋爲鎮遠州。〔四〕元至元十二年，立沅州安撫司。十四年，改沅州路總管府。戶四萬八千六百三十二，口七萬九千五百四十五。領縣三：

盧陽，下。黔陽，下。麻陽。下。

興國路，下。本隋永興縣。宋置永興軍，又改興國軍。元至元十四年，升興國路總管府，舊隸江西。三十年，自江西割隸湖廣。戶五萬九百五十二，口四十萬七千六百一十六。領司一、縣三。

錄事司。至元十七年立。

縣三

永興，下。倚郭。大冶，下。通山。下。

漢陽府，唐初爲沔州，又改沔陽郡。〔五〕宋爲漢陽軍。咸淳十年，郡守孟琦以城來歸。元至元十四年，升漢陽府。戶一萬四千四百八十六，口四萬八百六十六。領縣二：

漢陽，至元二十二年，升中縣。漢川。下。

歸州，下。唐初爲歸州，又改巴東郡，又復爲歸州。宋端平三年，元兵至江北，遂遷郡治于江南曲沱，次新灘，又次白沙南浦，今州治是也。德祐初歸附。元至元十二年，立安撫司。十四年，改歸州路總管府。十六年，降爲州。戶七千四百九十二，口一萬九百六十四。領縣三：

秭歸，下。倚郭。巴東，下。興山。

靖州路，下。唐爲夷、播、敍〔二〕〔三〕州之境。〔六〕宋爲誠州，復改靖州。元至元十二年，立安撫司，明年，改靖州路總管府。戶二萬六千五百九十四，口六萬五千九百五十五。領縣三：

永平，下。會同，下。通道。下。

湖南道宣慰司。

嶺北湖南道肅政廉訪司。

天臨路，上。唐爲潭州長沙郡。宋爲湖南安撫司。元至元十三年，立安撫司。十四年，立行省，改潭州路總管府。十八年，遷行省於鄂州，徙湖南道宣慰司治潭州。天曆二年，以潛邸所幸，改天臨路。戶六十萬三千五百一，口一百八萬一千一十。領司一、縣五、州七。

錄事司。宋有兵馬司，都監領之。元至元十四年改置。

縣五

長沙，上。倚郭。善化，倚郭。衡山，上。南嶽衡山在焉。寧鄉，上。安化。下。

州七

醴陵州，中。唐、宋皆爲縣。元元貞元年，升州。

瀏陽州，中。唐、宋皆爲縣。元元貞元年，升州。

攸州，中。唐爲縣，屬南雲州。宋屬潭州。元元貞元年，升州。

湘鄉州，下。唐、宋皆爲縣。元元貞元年，升州。

湘潭州，中。唐、宋皆爲縣。元元貞元年，升州。

益陽州，中。唐新康縣。宋安化縣。元元貞元年，升爲益陽州。

湘陰州，下。唐、宋皆爲縣。元元貞元年，升州。

衡州路，上。唐初爲衡州，又改衡陽郡，又仍爲衡州。宋因之。元至元十三年，置安撫司。十四年，改衡州路總管府。十五年，置湖南宣慰司，以衡州爲治所。十八年，移司於潭，衡州隸焉。戶一十一萬三千三百七十三，口二十萬七千五百二十三。領司一、縣三。本路屯田一百二十頃。

錄事司。宋立兵馬司，分在城民戶爲五廂。元至元十三年改立。

縣三

衡陽，上。倚郭。安仁，下。酃縣。

道州路，下。唐爲南營州，復改道州，復爲江華郡。宋仍爲道州。元至元十三年，置安撫司。十四年，改道州路總管府。戶七萬八千一十八，口一十萬九百八十九。領司一、縣四。

錄事司。

縣四

營道，中。倚郭。寧遠，中。江華，中。永明。下。

永州路，下。唐改零陵郡爲永州，宋因之。元至元十三年，置安撫司。十四年，改永州路總管府。戶五萬五千六百六十六，口一十萬五千八百六十四。領司一、縣三。本路屯田一百三頃。

錄事司。

縣三

零陵，上。倚郭。東安，上。祁陽。中。

郴州路，下。唐改桂陽郡爲郴州，宋因之。元至元十三年，置安撫司。十四年，改郴州路總管府。戶六萬一千二百五十九，口九萬五千一百一十九。領司一、縣六。

錄事司。舊有兵馬司，至元十四年改立。

縣六

郴陽，中。倚郭。舊爲敦化縣，至元十三年，改今名。宜章，中。永興，中。興寧，下。桂陽，下。桂東。下。

全州路，下。石晉於清湘縣置全州，宋因之。元至元十三年，置安撫司。十四年，改全州路總管府。戶四萬一千六百四十五，口二十四萬五百一十九。領司一、縣二。

錄事司。舊有兵馬司，至元十五年改立。

縣二

清湘，上。倚郭。灌陽。下。

寶慶路，下。唐邵州，又爲邵陽郡。宋仍爲邵州，又升寶慶府。元至元十二年，立安撫司。十四年，改寶慶路總管府。戶七萬二千三百九，口一十二萬六千一百五。領司一、縣二。

錄事司。

縣二

邵陽，上。倚郭。新化。中。

武岡路，下。唐武岡縣。宋升爲軍。元至元十三年，置安撫司。十四年，升武岡路總管府。戶七萬七千二百七，口三十五萬六千八百六十三。領司一、縣三。本路屯田八十六頃。

錄事司。舊有兵馬司，領四廂。至元十五年改立。

縣三

武岡，上。倚郭。新寧，下。綏寧。下。

桂陽路，下。唐郴州。宋升桂陽軍。元至元十三年，置安撫司。十四年，升桂陽路總管府。戶六萬五千五十七，口一十萬二千二百四。〔領司一、縣三〕。〔七〕

錄事司。

縣三

平陽，上。臨武，中。藍山。下。

茶陵州，下。唐爲縣，隸南雲州。宋隸衡州，升爲軍，復爲縣。元至元十九年，升爲州。戶三萬六千六百四十二，口一十七萬七千二百二。

耒陽州，下。唐、宋皆爲縣，隸湘東郡。元至元十九年，升爲州。戶二萬五千三百一十一，口一十一萬一十。

常寧州，下。唐爲縣，隸衡州。宋因之。元至元十九年，升爲州。戶一萬八千四百三十一，口六萬九千四百二。

廣西兩江道宣慰使司都元帥府。大德二年，廣西兩江道宣慰司都元帥府言：「比者黃聖許叛亂，逃竄交趾，遺棄水田五百四十五頃，請募溪洞傜、獞民丁，於上浪、忠州諸處開屯耕種，緩急則令擊賊，深爲便益。」從之。

嶺南廣西道肅政廉訪司。

靜江路，上。唐初爲桂州，又改始安郡，又改建陵郡，又置桂管，又升靜江軍。宋仍爲靜江軍。元至元十三年，立廣西道宣撫司。十四年，改宣慰司。十五年，爲靜江路總管府。元貞元年，併左右兩江宣慰司都元帥府爲廣西兩江道宣慰司都元帥府，仍分司邕州。戶二十一萬八百五十二，口一百三十五萬二千六百七十八。領司一、縣十。

錄事司。

縣十

臨桂，上。倚郭。興安，下。靈川，下。理定，下。義寧，下。修仁，下。荔浦，下。陽朔，下。永福，下。古縣。下。

南寧路，下。唐初爲南晉州，又改邕州，又爲永寧郡。〔八〕元至元十三年，立安撫司。十六年，改爲邕州路總管府兼左右兩江溪洞鎮撫。泰定元年，改爲南寧路。戶一萬五百四十二，口二萬四千五百二十。領司一、縣二。

錄事司。

縣二

宣化，下。武緣。下。

梧州路，下。唐改蒼梧郡，又仍爲梧州。宋因之。元至元十四年，置安撫司。十六年，改梧州路總管府。戶五千二百，口一萬九百一十。領縣一：

蒼梧。下。

潯州路，下。唐改潯江郡，又仍爲潯州。元至元十三年，置安撫司。十六年，改爲總管府。戶九千二百四十八，口三萬八十九。領縣二：

桂平，下。平南。下。

柳州路，下。唐改龍城郡，又改柳州。元至元十三年，置安撫司。十六年，改柳州路總管府。戶一萬九千一百四十三，口三萬六百九十四。領縣三：

柳城，下。倚郭。馬平，下。洛容。下。

慶遠南丹溪洞等處軍民安撫司，唐爲龍水郡，又改粵州。宋爲慶遠府。元至元十三年，置安撫司。十六年，改慶遠路總管府。大德元年，中書省臣言：「南丹州安撫司及慶遠路相去爲近，所隸戶少，請省之。」遂立慶遠南丹溪洞等處軍民安撫司。戶二萬六千五百三十七，口五萬二百五十三。領縣五：

宜山，下。忻城，下。天河，下。思恩，下。河池。下。

平樂府，唐以平樂縣置樂州，復改昭州，又爲平樂郡，又仍爲昭州。宋因之。元改爲平樂府。戶七千六十七，口三萬三千八百二十。領縣四：

平樂，下。倚郭。恭城，下。立山，下。龍平。下。

鬱林州，下。唐爲南尹州，又改貴州，又爲鬱林州。宋因之。元至元十四年，仍行州事。戶九千五十三，口五萬一千五百二十八。領縣三：

南流，下。興業，下。博白。下。

容州，下。唐改銅州爲容州，又改普寧郡，又置管內經略使。宋爲寧遠軍。至元十三年，改安撫司。十六年，改容州路總管府。戶二千九百九十九，口七千八百五十四。領縣三：

普寧，下。北流，下。陸川。下。

象州，下。唐改爲象郡，又改象州。元至元十三年，立安撫司。十五年，改象州路總管府。戶一萬九千五百五十八，口九萬二千一百二十六。領縣三：

陽壽，下。來賓，下。武仙。下。

賓州，下。唐以嶺方縣地置南方州，又爲賓州，又改安城郡，又改嶺方郡，又仍爲賓州。元至元十三年，置安撫司。十六年，改下路總管府。户六千二百四十八，口三萬八千八百七十九。領縣三：

嶺方，下。倚郭。上林，下。遷江。下。

横州，下。唐初爲簡州，又改南簡州，又改横州，又爲寧浦郡。元至元十四年，立安撫司。十六年，改總管府。户四千九十八，口三萬一千四百七十六。領縣二：

寧浦，下。倚郭。永淳。下。

融州，下。唐初爲融州，又改融水郡，後仍爲融州。宋爲清遠軍。元至元十四年，置安撫司。十六年，改融州路總管府。二十二年，改散州。户二萬一千三百九十三，口三萬九千三百三十四。領縣二：

融水，下。懷遠。下。

藤州，下。唐改感義郡，後仍爲藤州。宋徙州治於大江西岸。元至元十三年，仍行州事。户四千二百九十五，口一萬一千二百一十八。領縣二：

鐔津，下，岑溪。下。

賀州，下。唐改臨賀郡，後仍爲賀州。宋因之。元至元十三年，仍行州事。戶八千六百七十六，口三萬九千二百三十五。領縣四：

臨賀，下。倚郭。富川，下。桂嶺，下。懷集。下。宋屬廣州，至元十五年，以隸本州。

貴州，下。唐改懷澤郡，後仍爲貴州。元至元十四年，領鬱林縣。大德九年，省縣，止行州事。戶八千八百九十一，口二萬八百一十一。貴州地接八番，與播州相去二百餘里，乃湖廣、四川、雲南喉衿之地。大德六年，雲南行省右丞劉深征八百息婦，至貴州科夫，致宋隆濟等糾合諸蠻爲亂，水東、水西、羅鬼諸蠻皆叛，劉深伏誅。

左江。左江出源州界，至合江鎭與右江水合爲一，流入橫州號鬱江。

思明路，戶四千二百二十九，口一萬八千五百一十。

太平路，戶五千三百一十九，口二萬二千一百八十六。

右江。右江源出峩利州，與大理大槃水通。大槃在大理之威楚州。

田州路軍民總管府，戶二千九百九十一，口一萬八千九百一。

來安路軍民總管府。

鎭安路。以上並闕。

海北海南道宣慰司。

海北海南道肅政廉訪司。至元三十年立。

雷州路，下。唐初爲南合州，又更名東合州，又爲海康郡，又改雷州。元至元十五年，平章政事阿里海牙南征海外四州，雷州歸附，初置安撫司。十七年，卽此州爲海北海南道宣慰司治所，改安撫司爲總管府，隸宣慰司。戶八萬九千五百三十五，口一十二萬五千三百一十。本路屯田一百六十五頃有奇。領縣三：

海康，中。徐聞，下。遂溪。下。

化州路，下。唐置羅州、辯州。宋廢羅州入辯州。復改辯州曰化州。元至元十五年，立安撫司。十七年，改總管府。戶一萬九千七百四十九，口五萬二千三百一十七。本路屯田五十五頃有奇。領縣三：

石龍，下。吳川，下。石城。下。

高州路，下。唐爲高涼郡，又爲高州。宋廢高州入竇州，後復置。元至元十五年，置安撫司。十七年，改總管府。戶一萬四千六百七十五，口四萬三千四百九十三。本路屯田四十五頃。領縣三：

電白，下。茂名，下。信宜。下。

欽州路，下。唐爲寧越郡，又爲欽州。宋因之。元至元十五年，置安撫司。〔九〕十七年，改總管府。戶一萬三千五百五十九，口六萬一千三百九十三。領縣二：

安遠，下。靈山。下。

廉州路，下。唐爲合浦郡，又改廉州。元至元十七年，設總管府。戶五千九百九十八，口一萬一千六百八十六。本路屯田四頃有奇。領縣二：

合浦，下。倚郭。石康。下。

乾寧軍民安撫司，唐以崖州之瓊山置瓊州，又爲瓊山郡。宋爲瓊管安撫都監。元至元十五年，隸海北海南道宣慰司。天曆二年，以潛邸所幸，改乾寧軍民安撫司。戶七萬五千八百三十七，口一十二萬八千一百八十四。本路屯田二百九十餘頃。領縣七：

瓊山，下。倚郭。澄邁，下。臨高，下。文昌，下。樂會，下。會同，下。安定。下。

南寧軍，唐儋州，改昌化郡。宋改昌化軍，又改南寧軍。元至元十五年，隸海北海南道宣慰司。戶九千六百二十七，口二萬三千六百五十二。領縣三：

宜倫，下。昌化，下。感恩。下。

萬安軍，唐萬安州。宋更爲軍。元至元十五年，隸海北海南道宣慰司。戶五千三百四十一，口八千六百八十六。領縣二：

萬安，下。倚郭。陵水。下。

吉陽軍，唐振州。宋改崖州，又爲（珠崖郡）〔朱崖軍〕，〔一〇〕又改吉陽軍。元至元收附後，隸海北海南道宣慰司。戶一千四百三十九，口五千七百三十五。領縣一：

寧遠。下。

八番順元蠻夷官。至元十六年，潭州行省遣兩淮招討司經歷劉繼昌招降西南諸番，以龍方零爲小龍番靜蠻軍安撫使，龍文求臥龍番南寧州安撫使，龍延三大龍番應天府安撫使，程延隨程番武盛軍安撫使，洪延暢洪番永盛軍安撫使，韋昌盛方番河中府安撫使，石延異石番太平軍安撫使，盧延陵盧番靜海軍安撫使，羅阿資羅甸國遏蠻軍安撫使，並懷遠大將軍、虎符，仍以兵三千戍之。是年，宣慰使塔海以西南八番、羅氏等國已歸附者，具以來上，洞寨凡千六百二十有六，戶凡十萬一千一百六十有八。西南五番千一百八十六寨，戶八萬九千四百。西南番三百一十五寨，大龍番三百六十寨。二十八年，從楊勝請，割八番洞蠻，自四川行省隸湖廣行省。三十年，四川行省官言：「思、播州元隸四川，近改入湖廣，今土人願仍其舊。」有旨遣問，還云，田氏、楊氏言，昨赴闕廷，取道湖廣甚便，況百姓相隣，驛傳已立，願隸平章答剌罕。

羅番遏蠻軍安撫司。

程番武（勝）〔盛〕軍安撫司。〔一一〕

金石番太平軍安撫司。

臥龍番南寧州安撫司。

小龍番靜蠻軍安撫司。

大龍番應天府安撫司。

木瓜犵狫蠻夷軍民長官。

韋番蠻夷長官。

洪番永盛軍安撫司。

方番河中府安撫司。

盧番靜海軍安撫司。

盧番蠻夷軍民長官。

定遠府。

桑州。

章龍州。

必化州。

小羅州。

下思同州。

朝宗縣。　上橋縣。　新安縣。

麻峡縣。　甕蓬縣。　小羅縣。

章龍縣。　烏山縣。　華山縣。

都雲縣。　羅博縣。

管番民總管。

小程番。以下各設蠻夷軍民長官。

中曹百納等處。

底窩紫江等處。

甕眼納八等處。

獨塔等處。

客當剋地等處。

天臺等處。

梯下。

黨兀等處。

勇都朱砂古坻等處。

大小化等處。

洛甲洛屯等處。

低當低界等處。

獨石寨。

百眼佐等處。

羅來州。

那歷州。

重州。

阿孟州。

上龍州。

峽江州。

羅賴州。

桑州。

白州。

北島州。

羅那州。

龍里等寨。
六寨等處。
帖犵猪等處。
本當三寨等處。
山齋等處。
羡塘帶夾等處。
都雲桑林獨立等處。
六洞柔遠等處。
竹古弄等處。
中都雲(棺)〔板〕水等處。〔一三〕
金竹府。古坻縣。
都雲軍民府。
萬平等處。
南寧。
丹竹等處。

陳蒙。

李稍李殿等處。

陽安等處。

八千蠻。

恭焦溪等處。

都鎮。

平溪等處。

平月。

李崖等處。

楊並等處。

盧山等處。

乖西軍民府。皇慶元年立，以土官阿馬知府事，佩金符。

順元等路軍民安撫司。至元二十年，四川行省討平九溪十八洞，以其酋長赴闕，定其地之可以設官者與其人之可以入官者，大處爲州，小處爲縣，幷立總管府，聽順元路宣慰司節制。

雍眞乖西葛蠻等處。

葛蠻雍眞等處。

曾竹等處。大德七年，順元同知宣撫事阿重嘗爲曾竹蠻夷長官，以其叔父宋隆濟結諸蠻爲亂，棄家朝京師，陳其事宜，深入烏撒、烏蒙，至于水東，招諭木樓苗、猪，生獲隆濟以獻。

龍平寨。

骨龍等處。

底寨等處。

茶山百納等處。

納壩紫江等處。

磨坡雷波等處。

漕泥等處。

青山遠地等處。

木窩普冲普得等處。

武當等處。

養龍坑宿徵等處。

骨龍龍里清江木樓雍眼等處。

高橋青塘鴨水等處。

落邦札佐等處。

平遲安德等處。

六廣等處。

貴州等處。

施溪樣頭。

朶泥等處。

水東。

市北洞。

思州軍民安撫司。婺川縣。

鎮遠府。

楠木洞。

古州八萬洞。

偏橋中寨。

野雞平。

德勝寨偏橋四甲等處。

思印江等處。

石千等處。

曉愛瀘洞赤溪等處。

卑帶洞大小田等處。

黃道溪。

省溪壩場等處。

金容金(遠)〔達〕等處。〔一三〕

臺蓬若洞住溪等處。

洪安等處。

葛章葛商等處。

平頭著可通達等處。

溶江芝子平〔茶〕等處。〔一四〕

亮寨。

沿河。

龍泉平。思州舊治龍泉，及火其城，即移治清江。至元十七年，敕徙安撫司還舊治。

祐溪。

水特姜。

楊溪公俄等處。

麻勇洞。

恩勒洞。

大萬山蘇葛辦等處。

五寨銅人等處。

銅人大小江等處。

德明洞。

烏羅龍干等處。

西山大洞等處。

禿羅。

浦口。

高丹。

福州。

永州。

迺州。〔一五〕

鑾州。

程州。

三旺州。

地州。

忠州。

天州。

文州。

合鳳州。

芝山州。

安習州。

茆蘼等團。

荔枝。

安化上中下蠻。

曹滴等洞。

洛卜寨。

麥着土村。

衕迪洞。

會溪施容等處。

感化州等處。

契鋤洞。

臘惹洞。

勞岩洞。

驢遲洞。

來化州。

客團等處。

中古州樂墩洞。

上里坪。

洪州泊李等洞。

張家洞。

沿邊溪洞宣慰使司。至元二十八年，播州楊賽因不花言：「洞民近因籍戶，懷疑竄匿，乞降詔招集。」又言：「向所授安撫職任，隸順元宣慰司，其所管地，於四川行省爲近，乞改爲軍民宣撫司，直隸四川行省。」從之。以播州等處管軍萬戶楊漢英爲紹慶珍州南平等處沿邊宣慰使，行播州軍民宣撫使、播州等處管軍萬戶，仍虎符。漢英卽賽因不花也。仍頒所請詔旨，詔曰：「爰自前宋歸附，十五餘年，閱實戶數，乃有司當知之事，諸郡皆然，非獨爾播。自今以往，咸奠厥居，流移失所者，招諭復業，有司常加存恤，毋致煩擾，重困吾民。」

播州軍民安撫司。

黃平府。

平溪上塘羅駱家等處。

水車等處。

石粉羅家永安等處。

六洞柔遠等處。

錫樂平等處。

白泥等處。

南平綦江等處。

珍州思寧等處。

水煙等處。

溱洞涪洞等處。

洞天觀等處。

葛浪洞等處。

寨壩埡黎焦溪等處。

小姑單張。

倒柞等處。

烏江等處。

舊州草堂等處。

恭溪杏洞。

水囤等處。

平伐月石等處。

下壩。

寨章。

橫坡。

平地寨。

寨勞。

寨勇。

上塘。

寨坦。

哮奔。

平莫。

林種密秀。

沿河祐溪等處。

新添葛蠻安撫司。大德元年，授葛蠻安撫驛券一。

南渭州。

落葛谷鵝羅椿等處。〔一六〕

昔不梁駱杯密約等處。〔一七〕

乾溪吴地等處。

噥聳古平等處。

甕城都桑等處。

都鎮馬乃等處。

平普樂重壞等處。

落同當等處。

平族等處。

獨祿。

三陂地蓬等處。

小葛龍洛邦到駱豆虎等處。

羅月和。

麥傲。

大小田陂帶等處。

都雲洞。

洪安畫劑等處。

谷霞寨。

剌客寨。

吾狂寨。

割利寨。

必郎寨。

谷底寨。

都谷郎寨。〔一八〕

犵猪寨。

平伐等處。大德元年，平伐酋領內附，乞隸於亦奚不薛，從之。

安剌速。

思樓寨。

落暮寨。

梅求望懷寨。

甘長寨。

桑州郎寨。

永縣寨。
平里縣寨。
鎖州寨。
雙隆。
思母。
歸仁。
各丹。
木當。
雍郎客都等處。
雍門犵狫等處。
栖求等處仲家蠻。
婁木等處。
樂賴蒙囊吉利等處。
華山谷津等處。
青塘望懷甘長不列獨娘等處。

光州。
者者寨。
安化思雲等洞。
北遐洞。
茅難思風北郡都變等處。
必際縣。
上黎平。
潘樂盈等處。
誠州富盈等處。
赤畬洞。
羅章特團等處。
福水州。
允州等處。
欽村。
硬頭三寨等處。

顔村。
水曆吾洞等處。
順東。
六龍圖。
推寨。
橘叩寨。
黄頂寨。
金竹等寨。
格慢等寨。
客蘆寨。
地省等寨。
平魏。
白崖。
雍門客當樂賴蒙囊大化木瓜等處。
嘉州。

分州。

平珠。

洛河洛腦等處。

甯溪。

𥫗除。

麥穰。

孤頂得同等處。

𥫗包。

三陂。

控州。

南平。

獨山州

木洞。

瓢洞。

窖洞。

大青山骨記等處。

百佐等處。

九十九寨蠻。

當橋山齊朱谷列等處。

虎列谷當等處。

眞滁杜珂等處。

楊坪楊安等處。

棣甫都城等處。

楊友闐。

百也客等處。

阿落傳等寨。

蒙楚。

公洞龍木。

三寨苗犵剌等處。

黑土石。

洛賓洛咸。

益輪沿邊蠻。

割和寨。

王都谷浪寨。

王大寨。

只蛙寨。

黃平下寨。

林拱章秀拱江等處。

密秀丹張。

林種拱幫。

西羅剖盆。

杉木(筲)〔箐〕。〔一九〕

各郎西。

恭溪望成崖嶺等處。

孤把。

焦溪篤住等處。

草堂等處。

上桑直。

下桑直。

米坪。

令其平尾等處。

保靖州。

特團等處。

征東等處行中書省，領府二、司一、勸課使五。大德三年，立征東行省，未幾罷。至治元年復立，命高麗國王爲左丞相。

高麗國。事蹟見高麗傳。至元十八年，王（睶）〔賰〕言：「本國置站凡四十，民畜凋弊。」〔三〇〕敕併爲二十站。三十年，沿海立水驛，自耽羅至鴨淥江幷楊村、海口凡十三所。

瀋陽等路高麗軍民總管府。

征東招討司。

各道勸課使。

慶尙州道。

東界交州道。

全羅州道。

忠淸州道。

西海道。

躭羅軍民總管府。大德五年立。

河源附錄

河源古無所見。禹貢導河，止自積石。漢使張騫持節，道西域，度玉門，見二水交流，發葱嶺，趨于闐，匯鹽澤，伏流千里，至積石而再出。唐薛元鼎使吐蕃，訪河源，得之於悶磨黎山。然皆歷歲月，涉艱難，而其所得不過如此。世之論河源者，又皆推本二家。其說怪迂，總其實，皆非本眞。意者，漢、唐之時，外夷未盡臣服，而道未盡通，故其所往，每迂廻艱阻，不能直抵其處而究其極也。

元有天下，薄海內外，人迹所及，皆置驛傳，使驛往來，如行國中。至元十七年，命都實爲招討使，佩金虎符，往求河源。都實旣受命，是歲至河州。州之東六十里，有寧河驛。驛西南六十里，有山曰殺馬關，林麓穹隘，舉足浸高，行一日至巔。西去愈高，四閱月，始抵河源。是冬還報，幷圖其城傳位置以聞。其後翰林學士潘昂霄從都實之弟闊闊出得其說，撰爲河源志。臨川朱思本又從八里吉思家得帝師所藏梵字圖書，而以華文譯之，與昂霄所志，互有詳略。今取二家之書，考定其說，有不同者，附注于下。

按河源在土蕃朶甘思西鄙，有泉百餘泓，沮洳散渙，弗可逼視，方可七八十里，履高山下瞰，燦若列星，以故名火敦腦兒。火敦，譯言星宿也。思本曰：河源在中州西南，直四川馬湖蠻部之正西三千餘里，雲南麗江宣撫司之西北一千五百餘里，帝師撒思加地之西南二千餘里。水從地涌出如井。其井百餘，東北流百餘里，匯爲大澤，曰火敦腦兒。羣流奔輳，近五七里，匯二巨澤，名阿剌腦兒。自西而東，連屬吞噬，行一日，迤邐東騖成川，號赤賓河。又二三日，水西南來，名亦里出，與赤賓河合。又三四日，水南來，名忽闌。又水東南來，名也里朮，合流入赤賓，其流浸大，始名黃河，然水猶清，人可涉。思本曰：忽闌河源，出自南山，其地大山峻嶺，綿亘千里，水流五百餘里，注也里出河。也里出河源，亦出自南山，西北流五百餘里，始與黃河合。又一二日，岐爲八九股，名也孫斡論，譯言九渡，通廣五七里，可度馬。又四五日，水渾濁，土人抱革囊，騎過之。聚落糾木幹象舟，傅髦革以濟，僅容兩人。自是兩山峽束，廣可一里、二里或半里，其深叵測。朶甘思東北有大雪山，名亦耳麻不莫剌，其山最高，譯言騰乞里塔，卽崑崙也。山腹至頂皆雪，冬夏不消。土人言，遠年成冰時，六月見之。自八九股水至崑崙，行二十日。思本曰：自渾水東北流二百餘里，與懷里火禿河合。懷里火禿河源自南山，水正北偏西流八百餘里，與黃河合，又東北流一百餘里，過郞麻哈地。又正北流一百餘里，乃折而西北流二百餘里，又折而正北流一百餘里，又折而東流，過崑崙山下，番名亦耳麻不〔莫〕剌。〔二〕其山高峻非常，山麓綿亘五百餘里，河隨山足東流，過撒思加闊卽、闊提地。

河行崑崙南半日，又四五日，至地名闊卽及闊提，二地相屬。又三日，地名哈剌別里赤兒，四達之衝也，多寇盜，有官兵鎭之。近北二日，河水過之。思本曰：河過闊提，與亦西八思今河合。亦西八思今河源自鐵豹嶺之北，正北流凡五百餘里，而與黃河合。崑崙以西，人簡少，多處山南。山皆不穹峻，水亦散漫，獸有髦牛、野馬、狼、狍、羱羊之類。其東，山益高，地亦漸下，岸狹隘，有狐可一躍而越之處。行五六日，有水西南來，名納隣哈剌，譯言細黃河也。思本曰：哈剌河自白狗嶺之北，水西北流五百餘里，與黃河合。又兩日，水南來，名乞兒馬出。二水合流入河。思本曰：自哈剌河與黃河合，正北流二百餘里，過阿以伯站，折而西北流，經崑崙之北二百餘里，與乞里馬出河〔原〕〔源〕自威、茂州之西北〔三〕，岷山之北，水北流，卽古當州境，正北流四百餘里，折而西北流，又五百餘里，與黃河合。

河水北行，轉西流，過崑崙北，一向東北流，約行半月，至貴德州，地名必赤里，始有州治官府。州隸吐蕃等處宣慰司，司治河州。又四五日，至積石州，卽禹貢積石。五日，至河州安鄉關。一日，至打羅坑。東北行一日，洮河水南來入河。思本曰：自乞里馬出河與黃河合，又西北流，與鵬拶河合。鵬拶河源自鵬拶山之西北，水正西流七百餘里，過札塞塔失地，與黃河合。折而西北流三百餘里，又折而東北流，過西寧州、貴德州、馬嶺凡八百餘里，與邈水合。邈水源自青唐宿軍谷，正東流五百餘里，過三巴站與黃河合。又東北流，過土橋站古積石州來羌城、廓州搆米站界都城凡五百餘里，過河州與野龐河合。野龐河源自西傾山之北，水東北流凡五百餘里，與黃河合。又東北流一百餘里，過踏白城銀川站與湟水、浩亹河合。湟水源自祁連山下，正東流一千餘里，注浩亹河。浩亹河源自刪丹州之南刪丹山下，水東南流七百餘里，注湟水，然後與黃河合。又東北流一百餘里，與洮河合。洮河源自羊撒嶺北，東北流，過臨洮府凡八百餘里，與黃河合。又一日，至蘭州，過北卜渡。至鳴沙(河)〔州〕，〔三〕過應吉里州，正東行。至寧夏府南，東行，卽東勝州，隸大同路。自發源至漢地，南北澗溪，細流傍貫，莫知紀極。山皆草石，至積石方林木暢茂。世言河九折，彼地有二折，蓋乞兒馬出及貴德必赤里也。思本曰：自洮水與河合，又東北流，過達達地，凡八百餘里。過豐州西受降城，折而正東流，過達達地古天德軍中受降城、東受降城凡七百餘里。折而正南流，過大同路雲內州、東勝州與黑河合。黑河源自漁陽嶺之南，水正西流，凡五百餘里，與黃河合。又正南流，過保德州、葭州及興州境，又過臨州，凡一千餘里，與吃那河合。吃那河源自古宥州，東南流，過陝西省綏德州，凡七百餘里，與黃河合。又南流三百里，與延安河合。延安河源自陝西蘆子關亂山中，南流三百餘里，過延安府，折而正東流三百里，與黃河合。又南流三百里，與汾河合。汾河源自河東朔、武州之南亂山中，西南流，過管州，冀寧路汾州、霍州，晉寧路絳州，又西流，至龍門，凡一千二百餘里，始與黃河合。又南流二百里，過河中府，過潼關與太華大山綿亘，水勢不可復南，乃折而東流。大概河源東北流，所歷皆西番地，至蘭州凡四千五百餘里，始入中國。又東北流，過達達地，凡二千五百餘里，始入河東境內。又南流至河中，凡一千八百餘里。通計九千餘里。

西北地附錄

篤來帖木兒

途魯吉。〔三四〕

柯耳魯地。

畏兀兒地。至元二十年，立畏兀兒四處站及交鈔庫。

哥疾寧。

可不里。

巴達哈傷。

途思。

忒耳迷。

不花剌。

那黑沙不。

的里安。

撒麻耳干。

忽氊。

蔴耳亦囊。

可失哈耳。

忽炭。

柯提。

兀提剌耳。

巴補。

訛跡邗。

倭赤。

(若)[苦]叉〔三五〕

柯散。

阿忒八失。

八里茫。

察赤。

也云赤。

亦剌八里。

普剌。

也迷失。〔二六〕

阿里麻里。諸王海都行營于阿力麻里等處，蓋其分地也。自上都西北行六千里，至回鶻五城，唐號北庭，置都護府。又西北行四五千里，至阿力麻里。至元五年，海都叛，舉兵南來，世祖逆敗之于北庭，又追至阿力麻里，則又遠遁二千餘里。上令勿追，以皇子北平王統諸軍于阿力麻里以鎮之，命丞相安童往輔之。

哈剌火者。

魯古塵。

別失八里。至元十五年，授八撒察里虎符，掌別失八里畏兀城子里軍站事。十七年，以萬戶綦公直戍別失八里。十八年，從諸王阿只吉請，自大和嶺至別失八里置新站三十。二十年，立別失八里和州等處宣慰司。二十一年，阿只吉使來言：「元隸只必帖木兒二十四城之中，有察帶二城置達魯花赤，就付闊端，遂不隸省。」至是奉旨：「誠如所言，其還正之。」二十三年，遣侍衞新附兵千人屯田別十八里，置元帥府，卽其地以總之。

他古新。

仰吉八里。

古塔巴。

彰八里。至元十五年，授朶魯知金符，掌彰八里軍站事。

月祖伯

撒耳柯思。

阿蘭阿思。

欽察。太宗甲午年，命諸王拔都征西域欽叉、阿速、斡羅思等國。歲乙未，亦命憲宗往焉。歲丁酉，師至寬田吉思海傍，欽叉酋長八赤蠻逃避海島中，適值大風，吹海水去而乾，生禽八赤蠻，遂與諸王拔都征斡羅思，至也列贊城，七日破之。歲丁巳，出師南征，以駙馬剌眞之子乞歹爲達魯花赤，鎭守斡羅思、阿思。歲癸丑，括斡羅思、阿思戶口。〔二七〕

阿羅思。

不里阿耳。

撒吉剌。

花剌子模。

賽蘭。
巴耳赤邗。
鐵的。
不賽因
八哈剌因。
怯失。
八吉打。
孫丹尼牙。
忽里模子。
可咱隆。
設剌子。
泄剌失。
苦法。
瓦夕的。

兀乞八剌。

毛夕里。

設里汪。

羅耳。

乞里茫沙杭。

蘭巴撒耳。

那哈完的。

亦思法杭。

撒瓦。

柯傷。

低廉。

胡瓦耳。

西模娘。

阿剌模忒。

可疾云。

阿模里。
撒里牙。
塔米設。
贊章。
阿八哈耳。
撒里茫。
朱里章。
的希思丹。
巴耳打阿。
打耳班。
巴某。
塔八辛。
不思忒。
法因。
乃沙不耳。

撒剌哈歹。〔二八〕

巴瓦兒的。

麻里兀。

塔里干。

巴里黑。

吉利吉思、撼合納、謙州、益蘭州等處。吉利吉思者，初以漢地女四十人，與烏斯之男結婚，取此義以名其地。南去大都萬有餘里。相傳乃滿部始居此，及元朝析其民爲九千戶。其境長一千四百里，廣半之，謙河經其中，西北流。又西南有水曰阿浦，東北有水曰玉須，皆巨浸也，會於謙，而注於（昂）〔昂〕可剌河，〔二九〕北入於海。俗與諸國異。其語言則〔與〕畏吾兒同。〔三〇〕廬帳而居，隨水草畜牧，頗知田作，遇雪則跨木馬逐獵。土產名馬、白黑海東青。（昂）〔昂〕可剌者，因水爲名，附庸於吉利吉思，去大都二萬五千餘里。其語言與吉利吉思特異。晝長夜短，日沒時炙羊肋熟，東方已曙矣，卽唐史所載骨利（斡）〔幹〕國也。〔三一〕烏斯亦因水爲名，在吉利吉思東，謙河之北。其俗每歲六月上旬，刑白馬牛羊，灑馬湩，咸就烏斯沐漣以祭河神，謂其始祖所從出故也。撼合納猶言布囊也，蓋口小腹巨，地形類此，因以爲名。在烏斯東，謙河之源所從出也。其境上惟有二山口可出入，山水林樾，險阻爲甚，野獸多而畜字少。貧民無恒產者，皆以樺皮作廬帳，以白鹿負其行裝，取鹿乳，採松實，及劚山丹、芍藥等根爲食。冬月亦乘木馬出獵。謙州亦以河爲名，去大都九千里，在吉利吉思東南，謙河西南，唐麓嶺之北。居民數千家，悉蒙古、回紇人。有工匠數局，蓋國初所徙漢人也。地沃衍宜稼，夏種秋成，不煩耘耔。或云汪罕始居此地。益蘭者，蛇之稱也。初，州境山中居人，見一巨蛇，長數十步，從穴中出飲河水，腥聞數里，因以名州。至元七年，詔遣劉好禮爲吉利吉思撼合納謙州益蘭州等處斷事官，卽於此州修庫廩，置傳舍，以爲治所。先是，數部民俗，皆以杞柳爲杯皿，刳木爲槽以濟水，不解鑄作農器，好禮聞諸朝，乃遣工匠，教爲陶冶舟楫，土人便之。

安南郡縣附錄

安南，古交趾也。陳氏叛服之蹟，已見本傳，今取其城邑之可紀者，錄于左方。

大羅城路，漢交趾郡。唐置安南都護府。宋時郡人李公蘊立國於此。及陳氏立，以其屬地置龍興、天長、長安府。

龍興府，本多岡鄉。陳氏有國，置龍興府。

天長府，本多墨鄉，陳氏祖父所生之地。建行宮於此，歲一至，示不忘本，故改曰天長。

長安府，本華閭洞，丁部領所生之地。五代末，部領立國於此。

歸化江路，地接雲南。

宣化江路，地接特磨道。

沱江路，地接金齒。

諒州江路，地接左右兩江。

北江路，在羅城東岸，瀘江水分入北江，江有六橋。

如月江路。

南册江路。

大黃江路。

烘路。

快路。

國威州，在羅城南。此以下州，多接雲南、廣西界，雖名州，其實洞也。

古州，在北江。

仙州，古龍編。

富良。

司農。一云楊舍。

定邊。一云明娟。

萬涯。一云明黃。

文周。一云門州。

七源。

思浪。

太原。一云黄源。

通農。

羅順。一云來神。

梁舍。一云梁个。

平源。

光州。一云明蘇。

渭龍。一云乙舍。

道黄。即平林場。

武寧。此以下縣，接雲南、廣西界，雖名縣，其實洞也。

萬載。

丘溫。

新立。

恍縣。

紙縣。

歷縣。

闌橋。

烏延。

古勇。

供縣。

窟縣。

上坡。

門縣。

清化府路，漢九眞。隋、唐爲愛州。其屬邑更號曰江、曰場、曰甲、曰社。

梁江。

波龍江。

古農江。

宋舍江。

茶江。

安暹江。

分場。古文場。〔三二〕

古藤甲。

攴明甲。

古弘甲。

古戰甲。

緣甲。

乂安府路，漢日南。隋、唐爲驩州。

倍江。

惡江。

偈江。

尙路社。

唐舍社。

張舍社。

演州路，本日南屬縣，曰扶演、安仁。唐改演州。

孝江。

多壁場。

巨賴社。

他袁社。

布政府路，本日南郡象林縣，東濱海，西際眞蠟，南接扶南，北連九德。東漢末，區連殺象林令，自立國，稱林邑。唐時有環王者，徙國于占，曰占城。今布政乃林邑故地。

自安南大羅城至燕京，約一百一十五驛，計七千七百餘里。

邊氓服役

占城。

王琴。

蒲伽。

道覽。

淥淮。

稔婆邏。

獠。

校勘記

〔一〕本省（六）〔陸〕站一百處　從北監本改。按經世大典站赤作「陸」。

〔二〕唐平江縣　按太平寰宇記卷一一三，岳州平江縣，唐神龍三年析湘陰地，又于吳昌故城置，以界內昌江爲邑之名。後唐改爲平江縣。新、舊唐書地理志、元和郡縣志皆稱昌江縣，後唐始改平江。此處「唐」當作「後唐」。

〔三〕唐改（唐）〔盧〕溪郡　從道光本改。按舊唐書卷四〇地理志，辰州，天寶元年改爲盧溪郡。新唐書卷四一地理志，辰州盧溪郡。

〔四〕宋爲鎮遠州　按宋史卷八八地理志，沅州，潭陽郡，本懿州。輿地紀勝卷七一，沅州，本朝神宗命章子厚收復其地，置沅州。此稱「鎮遠州」，疑誤。

〔五〕唐初爲沔州又改沔陽郡　按新唐書卷四一地理志，鄂州漢陽，本沔州漢陽郡。通典卷一八三、元和郡縣志卷二七皆作「漢陽」。疑此處「沔」當作「漢」。

〔六〕唐爲夷播敍（二）〔三〕州之境　按新唐書卷四一地理志，江南道有敍州、夷州、播州三州，據改。

新編已校。

〔七〕〔領司一縣三〕　從道光本補。

〔八〕唐初爲南晉州又改邕州又爲永寧郡　按輿地廣記卷三六，邕州，唐武德四年，立南晉州。貞觀八年更名。天寶元年，曰朗寧郡。宋曰永寧郡。疑此處「邕州」下脫「宋」字。

〔九〕元至元十五年置安撫司　本書卷九世祖紀至元十四年五月癸卯條有「廣西欽、橫二州改立安撫司」。紀于欽、橫並稱，而本志上文橫州作「元至元十四年，立安撫司」，與紀合。是證欽州在十四年置。此處「五」當作「四」。本證已校。

〔一〇〕宋改崖州又爲（珠崖郡）〔朱崖軍〕　按宋史卷九〇地理志，吉陽軍，本朱崖軍，即崖州。輿地紀勝，改振州爲崖州，改崖州爲朱崖軍，改朱崖軍爲吉陽軍。據改。珠崖郡爲漢之舊稱，宋時稱朱崖軍。

〔一一〕程番武（勝）〔盛〕軍安撫司　本志上文八番順元蠻夷官下有「程番武盛軍安撫司」。元文類卷四一經世大典序錄招捕有「武盛軍蕃主程延隨」。事林廣記前集卷四，「八番羅甸宣慰司」下有「程番（咸）〔武〕盛軍安撫司」。據改。

〔一二〕中都雲（棺）〔板〕水等處　按寰宇通志卷一一五，都勻衞軍民指揮使司，「邦水長官司 在衞城西二十里。元爲中都雲板水之地」。混一方輿勝覽與新編事文類要啓劄青錢皆作「中都雲板水等處」。據改。

〔一三〕金容金（遠）〔達〕等處　按混一方輿勝覽作「金容、金達、楊溪、公俄等處」。寰宇通志卷一一四亦載「鎮遠金容金達蠻夷長官司」。此作「金遠」誤，今改。

〔一四〕溶江芝子平〔茶〕等處　按寰宇通志卷七〇，平茶洞長官司，宋政和間分其地置平茶洞。元初改溶溪芝子平茶長官司。據補。王圻續文獻通考卷二二八、讀史方輿紀要卷七三皆作「溶溪芝子平茶」。

〔一五〕迺州　按寰宇通志卷一〇八，慶遠府南丹州，「元因之。國朝洪武初，省永、鸞、福、延四州入焉」。王圻續文獻通考卷二二九同。疑「迺」當作「延」。

〔一六〕落葛谷鵝羅椿等處　事林廣記卷四作「落葛谷鵝羅橋等處」。混一方輿勝覽同。「羅椿」疑爲「羅橋」之誤。

〔一七〕昔不梁駱杯密約等處　按混一方輿勝覽、事林廣記卷四、新編事文類要啓箚青錢均作「昔不梁駱杯密納」。「約」當爲「納」之誤。

〔一八〕都谷郎寨　下文有「王都谷浪寨」。明史卷三一六貴州土司傳，洪武七年，平伐、谷霞、谷浪等苗攻劫的敖諸寨。此處疑有脫誤。

〔一九〕杉木（箐）〔箐〕　按寰宇通志卷一一五，新添衞軍民指揮使司「北至杉木箐界五十里」。平越衞軍民指揮使司有杉木箐山。讀史方輿紀要卷一二一，楊義長官司有杉木箐山。據改。按「箐」字在元明貴州等地用作山名或地名。

〔二〇〕王（睶）〔賰〕　見卷九校勘記〔九〕。

〔二一〕番名亦耳麻不〔莫〕剌　按上文有「大雪山，名亦耳麻不莫剌」。朱思本黃河圖亦作「亦耳麻不莫剌」。據補。

〔二二〕（原）〔源〕自威茂州之西北　從北監本改。

〔二三〕至鳴沙（河）〔州〕　輟耕錄卷二二、說郛卷三七河源志作「鳴沙州」。據改。按本書卷六〇地理志，寧夏府路領州三，有鳴沙州。

〔二四〕途魯吉　按途魯吉、柯耳魯、畏兀兒皆部族名，「柯耳魯」、「畏兀兒」下均有「地」字。此「途魯吉」下疑脫「地」。

〔二五〕（若）〔苦〕叉　據經世大典圖改。按此卽今庫車縣。

〔二六〕也迷失　元史譯文證補卷二六上云：「也迷失，城名無可徵引，惟速不台傳，平奇卜察克，軍歸，略也迷里、霍只部，獲馬萬餘。望文生義，差可附會。圖在普剌東北，西人考之，謂元史憲宗本紀、耶律希亮傳之葉迷里卽此也迷失。」按也迷里爲窩闊台封地城名，在今新疆額敏縣東、額敏河南岸，「也迷失」疑係「也迷立」之誤。

〔二七〕歲丁巳出師南征以駙馬剌眞之子乞歹爲達魯花赤鎭守斡羅思阿思歲癸丑括斡羅思阿思戶口

此處文有顛倒。丁巳爲憲宗七年，癸丑爲憲宗三年，癸丑年事當列丁巳前。本書卷三憲宗紀三年癸丑正月條有「遣必闍別兒哥括斡羅思戶口」。又七年丁巳九月條有「出師南征，以駙馬剌眞之子乞䚟爲達魯花赤，鎭守斡羅思」。

〔二八〕撒剌哈歹　蒙史卷一六〇西北三宗藩地通釋，撒剌哈西「城名大典圖失載，舊錄原作撒剌哈歹。元代疆城圖改歹作西，是也。」按撒剌哈夕名見志費尼世界征服者傳，此城在呼羅珊境馬里之西南，徒思以東。疑此處「歹」爲「夕」之誤。

〔二九〕注於（昴）〔昂〕可剌河　按昂可剌河卽今安加拉河，此處「昂」誤爲「昴」，今改。新編已校。

〔三〇〕其語言則〔與〕畏吾兒同　據文義補。蒙史已校。

〔三一〕卽唐史所載骨利（榦）〔幹〕國也　舊唐書卷一九九下鐵勒傳、新唐書卷二一七下回鶻傳皆作「骨利幹」。據改。

〔三二〕分場古文場　「古文場」疑當作小字注。嘉慶重修一統志作「分場古文場」，謂分場卽古之文場，與安南志略卷一作「文場」相符。